Hans Janssen

Kinder brauchen Klarheit

HERDER / SPEKTRUM

Band 4699

Das Buch

Was ist, wenn es immer wieder Zoff mit den Kindern gibt? Da wachsen sich kleine Streitpunkte ums Essen, um die Hausaufgaben oder das Anziehen oft zu kleinen und größeren Machtkämpfen aus, an dessen Ende entnervte Eltern und wütende oder muffelige Kinder stehen. Doch Kinder wollen Klarheit, keine faulen Kompromisse. Sie wachsen in eine immer unsicherer werdende Welt hinein. Das Leben erscheint nicht nur kleineren Kindern kompliziert und bedrohlich. Klare Regeln helfen, sich zurechtzufinden. Die Angst von Eltern, sich bei ihren Kindern damit unbeliebt zu machen, trifft nicht zu – im Gegenteil. Gerade verunsicherte Kinder neigen dazu, zu quengeln, ihre Grenzen immer weiter hinauszuschieben. Eltern sind hier gefordert, Grenzen zu setzen – und sie werden schnell merken, wie Situationen sich entspannen und auch die Kinder erleichtert sind. Horst Janssen macht an vielen Beispielen deutlich, wie man Kindern klare Botschaften gibt, Grenzen setzt und Konflikte so löst, daß keiner dabei zu kurz kommt. Und er zeigt auch, in welchen Situationen es sich lohnt, nachzugeben oder umgekehrt „hart" zu bleiben. Das Ziel ist immer, Kindern Sicherheit zu vermitteln und in Kontakt zu bleiben – auch wenn man anderer Meinung ist. Ein konkretes und hilfreiches Buch für ein harmonisches Familienleben.

Der Autor

Hans Janssen, geb. 1947, arbeitet seit über 20 Jahren mit Eltern und Kindern. Er ist Sozialpädagoge, betreute als Moderator und Redakteur einen Fersehkurs über Klein- und Vorschulkinder, war als Journalist bei einer niederländischen Erziehungszeitschrift. Zur Zeit arbeitet er beim niederländischen Ministerium für Gesundheit und Kultur.

Hans Janssen

Kinder brauchen Klarheit

Wie Eltern Regeln finden und Grenzen setzen

Aus dem Niederländischen von Rolf Erdorf

Herder
Freiburg . Basel . Wien

Die niederländische Originalausgabe erschien unter dem Titel
„Kinderen vragen om duidelijkheid" bei Boom, Amsterdam, © 1989,
1991 by H. C. M. Janssen
Gedruckt auf umweltfreundlichem, chlorfrei gebleichtem Papier
© 1994 Kreuz Verlag, Zürich, unter dem Titel: Kinder wollen Klarheit.
Regeln finden – Grenzen setzen. Ein Ratgeber für Eltern.
Alle Rechte vorbehalten – Printed in Germany
Verlag Herder Freiburg im Breisgau 1998
Herstellung Freiburger Graphische Betriebe
Umschlaggestaltung: Joseph Pölzelbauer
Umschlagfoto: © Ursula Markus
ISBN 3-451-04699-7

Inhalt

Vorwort

Verhaltensprobleme bei Kindern und Jugendlichen scheinen gegenwärtig bei Eltern, Lehrkräften und allen anderen an der Erziehung von Kindern Beteiligten das Problem schlechthin zu sein. Verhaltensprobleme, darunter verstehe ich das ganze Arsenal kindlicher Verhaltensweisen, das Eltern (und andere!) mitunter buchstäblich ratlos werden läßt.

Kinder, die nicht hinhören; Kinder, die das Wohnzimmer zuunterst kehren und das Aufräumen den Eltern überlassen; Kinder, die stehlen und lügen; Kinder, die ins Bett nässen, obwohl sie aus diesem Alter eigentlich längst heraus sind; Kinder, die viel später als verabredet nach Hause kommen; Kinder, die schon wieder ihre Jahreskarte fürs Schwimmbad verloren haben und Geld für eine neue brauchen. Die Hausaufgaben zu machen bringt eine große Zahl von Kindern und Jugendlichen nicht mehr fertig, dafür scheint es die normalste Sache der Welt geworden zu sein, die Schule zu schwänzen. Telefonzellen werden demontiert, Fußballstadien sind vor jugendlichen Fans nicht mehr sicher.

Dann gibt es Kinder, die auf andere Weise Grund zu großer Beunruhigung geben. Das sind Kinder, die keine Verhaltensprobleme an den Tag legen, sondern offenbar in Stille leiden: Immer mehr Jugendliche sind depressiv, und in den höheren Klassen der Schulen bemerkt man allgemein viel mehr psychosoziale Probleme unter den Schülern als noch vor einigen Jahren. Die deutlichste Sprache spricht die Zahl der Suizide und Suizidversuche (Versuche der Selbsttötung) bei Jugendlichen. In den vergangenen zwanzig Jahren hat sich die Zahl bei den Jungen verdoppelt und bei den Mädchen verdreifacht – sie ist so stark angewachsen, daß vor einiger Zeit sogar von einer Epidemie die Rede war![*]

Für uns Eltern und sonstige Erwachsene werfen derartige Berichte sofort die Frage auf, was wir hier eigentlich tun. Erziehen wir Kinder derzeit so viel schlechter als andere Eltern noch vor wenigen Jahren? Geben wir unseren Kindern zu viel Freiheit oder gerade zu wenig? Überlassen wir sie zu sehr ihrem Schicksal, oder verwenden wir im Gegenteil zu viel Aufmerksamkeit auf sie? Oder ist die Gesellschaft so kinder-unfreundlich geworden, daß es fast unmöglich ist, Kinder auf gesunde Art und Weise großzuziehen?

Gewiß, es gibt auch noch Kinder, die wenig Grund zur Beunruhigung bieten, und zum Glück sind die Kinder, die normal, gesund und ohne allzu große Probleme heranwachsen, noch immer in der Mehrzahl. Das sind die Kinder, die ganz normal hinhören, wenn man sie um etwas bittet, die ganz normal zur Schule gehen und für gute Noten oder einen guten Schulabschluß büffeln. Kinder, die sich des Lebens freuen und bei kleinen Enttäuschungen nicht gleich aus dem Lot geraten.

Woher aber kommen diese enormen Unterschiede? Was führt dazu, daß das eine Kind ungebärdig ist und das andere untröstlich, während das dritte Kind das Leben so gut meistert? Sind Kinder so unterschiedlich veranlagt, werden sie dermaßen anders erzogen, oder unterscheiden sich die Umstände, in denen sie aufwachsen, derart voneinander?

Zweifellos ist das alles nicht so einfach, daß sich für die fehlschlagende Entwicklung so vieler Kinder quasi nur ein einziger Grund anführen ließe. Wenn alles so einfach wäre, hätten wir für dieses eine, einfache Problem bestimmt schon eine hinreichende Antwort gefunden. Nein, Entwicklung und Erziehung von Kindern können

---

[*] Diese Zahlen beziehen sich auf die Niederlande, doch läßt sich diese Tendenz in allen westlichen Staaten feststellen. Anm. des Übersetzers

aus vielen und sehr unterschiedlichen Gründen fehlschlagen.

Trotzdem denke ich, daß in diesem Buch ein Faktor, eine Ursache aufgezeigt und für eine große Zahl von Problemen verantwortlich gemacht werden kann. Dieser eine Übeltäter heißt: Unklarheit. Kinder wollen Klarheit: klare Regeln und Grenzen einerseits, klare Beweise von Zuneigung, Liebe und Respekt andererseits. Kinder, die mit einem Mangel an Klarheit aufwachsen, fühlen sich grundsätzlich unsicher. Sie werden auf vielfache Weise und an vielerlei Orten nach Halt suchen. Aber der Halt, den sie dergestalt finden, gefällt uns nicht oder macht uns große Sorgen.

Seltsam bleibt dennoch: Nie zuvor in der Geschichte ist so viel über Kinder und deren Erziehung nachgedacht, gesprochen und geforscht worden wie in unserer Zeit, und nie zuvor in der Geschichte hat das Verhalten von Kindern gleichermaßen viel Grund zu Ärger und Sorge gegeben. Eltern kaufen Bücher über Erziehung, lesen einschlägige Zeitschriften, bekommen Faltblätter von der Beratungsstelle und vom Hausarzt, sehen sich Fernsehsendungen über Erziehung an, gehen zu Gesprächsgruppen und Elternkursen. Lehrkräfte werden fortwährend nachgeschult, weitergeschult und trainiert. Und doch gibt es Fehlschläge in so großem Umfang?

Mittlerweile arbeite ich seit gut zwanzig Jahren als Pädagoge mit Kindern, Eltern, Lehrkräften und sonstigen Erziehern. Natürlich begegne ich immer noch Eltern, die versuchen, ihre Kinder dadurch großzuziehen, daß sie »sie klein halten« (wie Lea Dasberg es schon vor Jahren ausdrückte); die ihre Kinder anschreien, wenn sie etwas von ihnen wollen; die ein inkonsequentes Machtverhalten an den Tag legen, das jedem Außenstehenden die Schauer über den Rücken jagen würde. Doch noch stärker beeindruckt mich das große Maß an Engagement und Verbundenheit sehr vieler Eltern, die ihre Kinder möglichst gut großziehen wollen und versuchen, sie zu verstehen und zu trösten, wenn sie Kummer haben. Sie geben ihnen den nötigen Spielraum, sie nehmen sie ernst und tun alles, um ihnen ein warmes, sicheres und gemütliches »Nest« zu geben. »Wir haben uns bewußt für Kinder entschieden«, scheint das Motto vieler Eltern zu sein, »also wollen wir auch bewußt versuchen, sie möglichst gut und verantwortungsbewußt zu erziehen.«

Eltern sind unbestreitbar anders geworden innerhalb der letzten zwanzig Jahre. Kinder aber auch. Manchmal scheint es, als wären Kinder kaum mehr Kinder: Sie wissen derart viel, sie spielen mit Videogerät und Computer wie wir seinerzeit mit Autos und Puppen, sie kleiden und verhalten sich zunehmend und zunehmend früher wie kleine Erwachsene. Und doch bleiben sie Kinder: unsicher (auch wenn sie das längst nicht immer deutlich zeigen) und auf der Suche nach Klarheit und Halt im Leben.

Dieses Buch wendet sich an Eltern (oder sonstige Erzieher), nicht damit sie den Kindern, sondern damit sie der Klarheit im Erziehungsverhältnis mehr Aufmerksamkeit schenken. Ich bin überzeugt, daß sehr viele Probleme sich so von vornherein verhindern lassen!

Einleitung

Die Sicht auf Kinder – früher und jetzt

Erziehungsstile wechseln. Wer die Geschichte des Kindes und der Erziehung studiert, entdeckt, daß jedes Volk, jede Kultur, jedes Zeitalter mehr oder weniger einen eigenen Erziehungsstil gekannt hat. Die Art und Weise, in der Kinder von ihren Eltern erzogen wurden, war nicht immer gleich. Nicht weil man immer wieder neue, jeweils wirksamere Erziehungsmethoden entdeckt hätte, sondern weil man immer wieder eine andere Sicht auf Kinder entwickelte.

Betrachen Sie nur einmal Kinderdarstellungen auf Gemälden aus früheren Jahrhunderten. Zu bestimmten Zeiten wurden Kinder – selbst Säuglinge und Kleinkinder – mit sehr erwachsenen, fast ältlichen kleinen Köpfen abgebildet, als seien es Erwachsene in Taschenformat gewesen, mit etwas zu klein und mollig ausgefallenen Körpern. Zu anderen Zeiten wiederum wurden Kinder mit niedlichen Stupsnasen und dicken Schmollippen abgebildet – als kleine Wesen, die sich himmelweit von Erwachsenen unterschieden. Es ist möglich, daß die Maler unterschiedlich begabt in der Darstellung von Kindern waren, aber auch möglich oder besser gesagt wahrscheinlich ist es, daß ein so auffälliger Unterschied im künstlerischen Ausdruck etwas über eine unterschiedliche Sicht auf Kinder aussagt.

Zu einer Zeit sah man in Kindern kleine Erwachsene, zu anderen Zeiten betrachtete man Kinder als gesondertes kleines Völkchen, das sozusagen in einer eigenen kleinen Welt lebte. Lea Dasberg spricht in ihrem berühmten Buch *Grootbrengen door kleinhouden* von der Entstehung einer Art von »Jugendland«: Im Verlauf der Geschichte sei allmählich ein gewaltiger Unterschied zwischen dem Lebensmuster von Erwachsenen und dem von Kindern entstanden. Erwachsene müssen hart für ihren Lebensunterhalt arbeiten, Kinder dürfen spielen; Erwachsene tragen Verantwortung, Kinder dürfen sich versorgen und verwöhnen lassen; Erwachsene sind mündig, Kinder unmündig – alles Unterschiede wie Tag und Nacht!

Dieser enorme Unterschied zwischen Erwachsenen und Kindern hat nicht immer bestanden. Es hat Generationen gegeben, für die Kinder kaum anders waren als Erwachsene. Die alten Griechen zum Beispiel sahen Kinder als Wesen mit einer schönen, eigenen Veranlagung, auch wenn sie noch zu harmonischen Erwachsenen »herangebildet« werden mußten. Kinder (das heißt insbesondere Jungen) waren für die Griechen künftige Mitbürger; das »Kindliche« von Kindern sah man damals nicht so sehr. Kinder waren wichtig, aber nichts Besonderes. Für das Kindliche an sich entwickelte man erst viel später ein Auge.

Erziehen oder heranwachsen lassen?

Der Gedanke, daß Kinder etwas ihnen Eigenes haben könnten, das für sich genommen wichtig und wertvoll ist, entstand erst am Ende des 16. Jahrhunderts. Es war kein Pädagoge, der diesen Gedanken aufbrachte, sondern der Bürgermeister von Bordeaux, Michel de Montaigne (1533–1592). De Montaigne hielt nicht viel von gelehrtem Getue, er war ein sehr praktischer Mann. Als einer der ersten verkündete er die Vorstellung, man müsse Kindern hauptsächlich Interesse für Wissen und Kultur beibringen – dann würden sie sich schon von selbst zu guten Erwachsenen entwickeln.

Der Bürgermeister von Bordeaux hat unbewußt ein Dilemma heraufbeschworen, das uns noch immer beschäftigt: Soll man Kinder nun intensiv erziehen und anleiten, oder soll man sie lediglich stimulieren und zur eigenen Entwicklung herausfordern? Muß man Kindern den Spielraum und die Freiheit lassen, ihre eigenen Grenzen kennenzulernen und sich so zu selbständigen, selbstverantwortlichen Erwachsenen zu entwickeln? Oder müssen sie mit Regeln, Grenzen, Werten und Normen »erzogen« und angeleitet werden, bis man sie für imstande hält, die relative Freiheit des Erwachsenenlebens zu meistern?

Der Gegensatz zwischen Erziehen und Heranwachsenlassen ist ein Scheingegensatz. Keine einzige Generation hat sich ausschließlich für das eine und gegen das andere entschieden. Immer hat es lediglich Akzentverschiebungen gegeben. Die eine Generation entschied sich, die Jugend mit harter Hand im Zaum zu halten, respektierte sie aber zugleich als künftige Mit-Erwachsene; die andere Generation respektierte die Besonderheiten des Kindseins und versuchte diesem Lebensabschnitt gerecht zu werden, erwartete aber dennoch, daß Kinder und Jugendliche allmählich lernten, sich an die gesellschaftlichen Spielregeln zu halten.

Eigentlich ging es nie so sehr um die Frage: Was soll man nun mit diesen Kindern tun, soll man sie sehr sorgfältig erziehen, oder soll man ihnen vor allem die Chance zur eigenen Entwicklung geben? Die Frage war vielmehr: Wie sehen wir Kinder? Sehen wir sie als ganz besondere kleine Wesen, die eine ganz besondere Herangehensweise verlangen, oder sehen wie sie einfach als Mitbewohner von Mutter Erde, die noch etwas wachsen und heranreifen müssen, ehe sie sich ganz am gesellschaftlichen Prozeß beteiligen können? An dieser jeweiligen Sicht auf Kinder hat sich im Verlauf der Geschichte sehr viel geändert.

Die Geburt der »zarten Kinderseele«

Unsere Ur-Urgroßeltern im vorigen Jahrhundert sahen in Kindern hauptsächlich potentielle Arbeitskräfte, die zum Überleben gebraucht wurden. Die Kindersterblichkeit war hoch, und es gab viel Arbeit in dieser Zeit; Handarbeit und Maschinenarbeit. Also mußten pro Familie viele Kinder geboren werden – so überlebten bestimmt einige, die dann möglichst rasch in den Arbeitsprozeß eingegliedert werden konnten.

Von »zarten Kinderseelen« hatte man damals noch nicht gehört. Die sind eine typische Erfindung unseres Jahrhunderts gewesen. Mit dem Ausdruck »zarte Kinderseele« verbindet sich eine große Besorgtheit und vielleicht Überbesorgtheit um die Verletzlichkeit des Gefühlslebens von Kindern.

Die Geburt der »zarten Kinderseele« nimmt sich fast wie ein Märchen aus. An der Wiege dieser Kinderseele haben nämlich mindestens drei Feen gestanden. An erster Stelle ist es Freud gewesen, der Begründer der Psychoanalyse, der in der ersten Hälfte unseres Jahrhunderts den Zusammenhang zwischen Traumata in den ersten Lebensjahren – Ereignissen, die eine »Wunde« oder »Narbe« auf der Seele hinterlassen – und psychischen Problemen in späterem Alter entdeckte. Freud hat sehr vielen Eltern schlaflose Nächte bereitet und tut das wahrscheinlich immer noch regelmäßig. Wie sollen wir als wohlmeinender Elternteil dahinterkommen, ob wir mit unserem Verhalten oder unseren Unterlassungen nicht eine schmerzliche Wunde in das verletzliche Gefühlsleben unseres Kleinkindes schlagen?

Die zweite Fee an der Wiege der »zarten Kinderseele« war der rasche Fortschritt des Gesundheitswesens. Seit dem Beginn dieses Jahrhunderts sind allerorten Beratungsstellen für Säuglings- und Kleinkindpflege eingerichtet worden. Eltern konnten nun ihre Babys wiegen und messen und gegen Kinderkrankheiten impfen lassen, die noch bis vor kurzem so viele Opfer gefordert hatten. Gesundheit und die Überlebenschance kleiner Kinder wurden damit plötzlich zu erreichbaren Idealen. Von diesem Augenblick an konnten Eltern sich eine stärkere Bindung an ihre Babys erlauben. Das tat man vordem nicht so rasch: Die Kindersterblichkeit war dermaßen hoch, daß Eltern sich nur Schmerz und Kummer zufügten, wenn sie eine allzu enge Bindung mit ihrem Baby eingingen. Besser ein paar Kinder mehr und eine weniger enge Bindung...

An dritter Stelle war da die spektakuläre Zunahme des Wohlstandes, wovon – zum erstenmal in der Geschichte! – fast die gesamte Bevölkerung profitierte. Dieser Wohlstand hatte sich in den Niederlanden vorübergehend bereits in den zwanziger Jahren eingestellt, blieb damals aber auf das Großbürgertum begrenzt und wurde schon bald durch die Krisenjahre und den Zweiten Weltkrieg zunichte gemacht. Der wirkliche Wohlstand, wie wir ihn heute kennen, entwickelte sich erst nach dem Krieg. Niemand brauchte mehr Hunger zu leiden, alle sollten ein Dach über dem Kopf haben, jeder hatte ein Anrecht auf gesundheitliche Fürsorge, und jeder konnte in den Genuß von Schule und Ausbildung gelangen.

Der Begriff »Recht« trat mehr und mehr in den Vordergrund: Jeder, ungeachtet seines Ranges oder Standes, hatte plötzlich allerlei Rechte. Das Recht auf ein menschenwürdiges Dasein, das Recht auf eine gute Ausbildung, das Recht auf Arbeit, das Recht auf soziale Fürsorge. Die Vereinten Nationen formulierten die Rechte des Menschen und bald darauf auch die Rechte des Kindes. Das alles geschah so schnell, daß es niemandem auffiel, aber eigentlich stellte das einen Meilenstein in der Geschichte des Kindes dar. Die Bedeutung dessen ging jedoch im Getümmel vielfacher gesellschaftlicher Entwicklungen unter; Fabriken und Haushalte wurden zunehmend automatisiert, die Freizeit wurde immer wichtiger, Entfernungen schrumpften dank des Aufkommens schneller Beförderungs- und Kommunikationsmittel zusammen.

Gewissermaßen als Krönung des Ganzen wurden die Pille und andere Formen der Geburtenkontrolle eingeführt. Zum erstenmal in der Geschichte konnten Eltern sich bewußt für oder gegen Kinder entscheiden und den Moment, in dem diese Kinder kommen sollten, selbst bestimmen. Wer keine Kinder bekommen kann, kommt heute für künstliche Insemination oder für ein Retortenbaby in Betracht. Wer dagegen unerwünscht schwanger wird, kann sich unter bestimmten Bedingungen einem Schwangerschaftsabbruch unterziehen. Zahlreiche alte Normen und Werte sind verblaßt. Sehr viele Menschen gerieten dadurch in Verwirrung, aber der Fortschritt war nicht mehr aufzuhalten – dachten wir.

Das Verschwinden der Kindheit

Für Kinder hatten wir inzwischen eine ganz eigene, gesonderte Welt geschaffen: eigene Zimmer mit eigenem Spielzeug, mit Kinderbüchern und Kinderschallplatten; in den Warenhäusern waren spezielle Kinderabteilungen hinzugekommen; Fernsehen und Rundfunk hatten ihre eigenen Kindersendungen. Kinderkrippen und -tagesstätten wurden eingerichtet. Und wir hielten die Kinder schön lange klein: Wenn gewünscht, konnten sie bis weit über das Erreichen des Erwachsenenalters hinaus die Schulbank drücken. Nie zuvor in der Geschichte war die Trennungslinie zwischen Erwachsenen und Kindern so groß gewesen.

Auffällig war auch die Kindermode. Wer sich Aufnahmen aus den sechziger Jahren ansieht, erkennt deutlich das »Eigene« der Kinderkleidung. Kinder hatten nicht nur ihre eigene Mode, mit eigenen Farben und Schnitten, sie hatten auch ihre eigene Haartracht.

Kinder waren aber auch selten geworden, und wie allen »Seltenheitsartikeln« erging es auch ihnen: Wir gingen sehr überlegt mit ihnen um. Bewußte Erziehung wurde für Eltern zur neuen Norm. Bücher, Fernsehsendungen und Gesprächsgruppen über Erziehung erlebten goldene Zeiten. Kinder hatten sich in unserer Gesellschaft einen eigenen Platz erobert – einen sicher bewachten Platz. Und den würden sie nie mehr aufzugeben brauchen, so schien es zumindest.

Dann kam wieder eine Krise. Es begann mit einer Ölkrise im Jahr 1972, doch der Wohlstandsrausch war noch nicht vorüber und die Krise noch nicht so schwer. Bis eine neue Öl- und Wirtschaftskrise kam: Plötzlich schien allen in der westlichen Welt bewußt zu werden, daß wir auf zu großem Fuß lebten. Wir würden einen Schritt zurück müssen, einige Schritte sogar. An den Sozialleistungen – einst erschienen sie so unantastbar; hatten nicht alle die gleichen Rechte? – wurde genagt, im Schul- und Gesundheitswesen kam es zu Einsparungen.

Die Wirtschaftsfachleute wußten diese Krise besser zu handhaben als die vorherige, damals in den dreißiger Jahren. Es war eine Krise, doch mit eingeschränkten Folgen. Diese sorgten allenfalls dafür, daß wir etwas nüchterner wurden, etwas sachlicher. »No nonsense« wurde sogar zum Motto der niederländischen christdemokratischen Regierungen unter Premier Ruud Lubbers.

»No nonsense« galt dabei für alle: für Alte, für Erwachsene und ebenso für Kinder. Auch Kinder mußten zurückstecken: An Kindertagesstätten, am Sozial- und Schulwesen wurde gespart, und Jugendliche mußten bei Sozialleistungen und Studienbeihilfe Abstriche machen.

»No nonsense« wurde quasi zum Lebensmotto: Es mußte wieder gearbeitet werden. Und Rechte mußte man sich erst einmal verdienen! Neue Jugendgruppen entstanden. Nach den Protestlern und Hausbesetzern waren auf einmal die Yuppies da! Niemand hatte sie kommen sehen, niemand vor ihnen gewarnt, doch in aller Stille hatten sie an einer glänzenden Karriere gebastelt. Seriös, fachkundig und hochmotiviert waren sie. Wer zehn Jahre zuvor prophezeit hätte, daß diese Gruppe in der gesellschaftlichen Wertschätzung jemals so gut abschneiden würde, wäre wahrscheinlich ausgelacht worden.

Inzwischen hatten die technologischen Entwicklungen nicht stillgestanden. Der Personalcomputer rückte in greifbare Nähe, zu Hause und in der Schule wurden Kinder von klein auf mit Computerspielen und Computerunterricht vertraut gemacht.

Und plötzlich ist da ein ganz anderer Kindestyp entstanden! Der amerikanische Professor für Massenökologie, Neil Postman, hat in seinem 1982 erschienenen Buch »Das Verschwinden der Kindheit« darauf hingewiesen. Neil Postmans These ist, daß Kinder gegenwärtig die gleiche Informationsmenge aufnehmen wie Erwachsene, in mancher Hinsicht sogar mehr. Kinder sehen sich schließlich dieselben Fernsehsendungen an, über den Computer haben sie Zugang zu jeder gewünschten Art von Information, und zwar zu jeder gewünschten Zeit. Sie werden früher und rascher »weise« als wir seinerzeit.

Wir mußten zuerst lesen und schreiben lernen – das heißt, eine gewisse Reife erlangen –, ehe wir Zugang zu den geeigneten Informationsquellen hatten. Diese Quellen waren für uns hauptsächlich Bücher und dasjenige, was die Erwachsenen uns mitzuteilen bereit waren. Bücher lasen wir, wenn wir dazu reif waren, Erwachsene gaben uns die Informationen, von denen sie dachten, daß wir dazu reif seien. Und Erwachsene waren bisweilen sparsam in der Weitergabe von Informationen an Kinder. Die gegenwärtigen Kinder brauchen kaum mehr lesen oder schreiben zu können, sie bekommen ihre Informationen auch so. AIDS, Atomenergie, Krieg der Sterne . . . Kinder sind oft besser über diese Dinge informiert als ihre Eltern. Kinder können mitreden: über die Marke der anzuschaffenden Waschmaschine, über das Ferienziel im nächsten Sommer, über Kleidung, die total »in«

ist, über die eigene Berufswahl und die dazu geeignete Fächerkombination. Es bedarf einiger Gewöhnung, bis wir es begreifen, aber wir ziehen Kinder nicht länger dadurch groß, daß wir sie klein halten: Da gibt es schlichtweg nichts mehr kleinzuhalten!

Neue Grenzen, neue Werte und Normen

Unsere Eltern bestimmten noch für uns, welche Bücher wir lesen durften und für welche wir noch nicht reif waren, welche Fernsehsendungen wir uns ansehen durften und für welche wir noch zu jung waren. Gegenwärtig überblicken die Eltern oft nicht mehr, was ihre Kinder alles lesen und sehen: Es ist so viel...

Wenn Neil Postmans These zutrifft – und viele Zeichen deuten darauf hin –, dann bekommen wir es demnächst mit einem Kindertyp zu tun, der wenig Kindliches mehr hat, der frühreif und altklug ist oder doch wenigstens einen frühreifen Eindruck macht. Das kann unsere Sicht auf Kinder und unseren Erziehungsstil gewaltig beeinflussen!

Wir waren ja schon unsicher geworden, als Erzieher, und zwar durch vielerlei Umstände. Weil die Familien kleiner geworden waren, bekamen Eltern immer weniger die Möglichkeit, sich zu versierten Erziehern zu entwikkeln. Die Familien gerieten außerdem zunehmend in Isolation – sie wurden gewissermaßen zu kleinen Inseln im großen Ozean des gesellschaftlichen Zusammenlebens. Das war die Folge der Tatsache, daß Familienbande und das Vereinsleben, woraus Eltern in früherer Zeit bei der Erziehung ihrer Kinder viel Unterstützung bezogen, an Bedeutung abnahmen. Auch der Einfluß der Kirchen auf das Familienleben, auf die Werte und Normen, die es zu beachten galt, nahm ab. Das machte es für Eltern nicht einfacher, die eigene Haltung zu bestimmen, wenn Kinder unerwünschtes, unakzeptables Verhalten zeigten:

Bei wem konnten sie sich Rat holen, an wem sich spiegeln?

Doch es tauchen noch mehr Unsicherheiten auf. Wie wird es demnächst sein, wenn wir mit sehr mündigen Vorschul- und altklugen Schulkindern konfrontiert werden, denen man ganz buchstäblich nichts mehr weismachen kann? Werden wir dann noch unsicherer, oder begünstigt diese Entwicklung im Gegenteil ein nüchternes, vielleicht gleichgewichtigeres Erziehungsverhältnis? Gibt es demnächst überhaupt noch etwas zu erziehen?

Die letzte Frage kann lediglich mit einem vollmundigen »Ja« beantwortet werden. Eltern und Erzieher werden nicht überflüssig werden, im Gegenteil! Fernseher und Personal Computer mögen vielleicht einen Teil der Aufgaben von Eltern (und Lehrkräften) übernehmen, was aber desto mehr ins Gewicht fallen wird, ist die Qualität der persönlichen Beziehung. Diese ist durch kein Gerät, wie fortschrittlich auch immer, zu ersetzen. Wir brauchen Kindern vielleicht nichts mehr von Blümchen und Bienen zu erzählen, und doch werden wir sie lehren müssen zu leben. Und mit anderen zusammenzuleben. Die Entwicklung von Kindern wird vielleicht weniger märchenhaft und romantisch sein. Das nüchterne »no nonsense« wird auch in der Erziehung durchklingen.

Das hat seine Schattenseiten, denn Kinder und Märchen gehören zusammen; ist doch unsere Gesellschaft nichts anderes als der große unheimliche Wald, in dem der kleine Däumeling sich verirrt und den eigenen Weg suchen muß. Es gibt auf der ganzen Welt niemanden, der das so gut begreifen und nachempfinden kann wie ein Kind, das sich ab und zu auch verloren fühlt...

Aber eine »No-nonsense-Erziehung« hat auch ihre Vorteile: Wir werden wieder ganz normal Regeln aufstellen, was wir zeitweise vergessen hatten und auch nicht mehr so recht wagten. Kinder waren ja so selten und eigen geworden und die Regeln so unklar – was blieb da noch zu regulieren? In der »No-nonsense-Erziehung«

werden solche Zweifel in den Hintergrund treten. Aber wir werden mit diesen altklugen Kindern auch mehr verhandeln müssen, als wir gewohnt waren. Das verlangt auch mehr Klarheit seitens der Erziehenden. Denn Rücksprache führt nur dann zu einem befriedigenden Ergebnis, wenn wir dabei klar und deutlich für unsere eigenen Meinungen, Werte, Überzeugungen und Bedürfnisse einstehen.

Für viele Eltern wird das keine leichte Aufgabe sein. Für viele Eltern ist es jetzt schon schwer, ihrem Kind die nötige Klarheit und Struktur zu bieten. Eltern, die selbst aus dem Boot zu fallen drohen, denen selbst ein Halt fehlt, die an Wohlstand und Fortschritt nicht (länger) beteiligt sind, die dem, was ihre Kinder in der Schule erleben, kaum folgen können; aber auch Eltern, die seinerzeit, als Kinder, wenig Zuneigung und Wärme erfahren haben oder die selbst nie die Freiheit gehabt haben, ihre persönlichen Meinungen und Bedürfnisse zu äußern; die Eltern, denen das als Kind schon »ausgetrieben« wurde, werden künftig in der Beziehung mit ihren Kindern große Schwierigkeiten haben.

Wenn ein anderer Kindertypus und eine andere Art von Erziehungsverhältnis auftauchen, wird es sicher auch neue »Opfer« geben, die mit den Veränderungen nicht Schritt halten können. Es geht dabei um ein gesellschaftliches Problem, das den individuellen elterlichen Einfluß vielleicht übersteigt, das aber dennoch in der Gesellschaft spürbar werden wird. Jetzt schon drohen wir – zum erstenmal seit dem Zweiten Weltkrieg – wieder in eine Standesgesellschaft abzugleiten. Die Gegensätze werden größer werden, auch die Gegensätze und Unterschiede in der Erziehung der Kinder. Zu welchen Konsequenzen das letztendlich führen wird, läßt sich nicht ganz voraussehen. Doch aufmunternd ist diese Voraussicht nicht. Was das angeht, hält die Geschichte jede Menge weiser Lektionen für uns bereit!

I. Von der Wichtigkeit, sich klar und eindeutig zu verhalten

Einleitung

Kinder verändern sich: Sie scheinen immer früher gescheit zu werden und immer eher selbständig. Sie wachsen heran mit Computern, drücken sich nur noch turbomäßig aus und entscheiden selbst, welche Fernsehsendungen sie sich ansehen.

Unsere Sicht auf Kinder verändert sich auch. Wir nehmen Kinder etwas mehr und etwas früher ernst. Trotzdem bedeutet das nicht, daß wir alles von ihnen akzeptieren; im Gegenteil! Kinder bleiben schließlich Kinder, sie müssen noch so vieles entdecken: die Grenzen ihres eigenen Könnens und die Grenzen dessen, was akzeptabel ist und was nicht.

Kinder wollen dabei Klarheit. Nicht nur klare Grenzen und Regeln, sondern auch und ebensosehr klare Beweise unserer Zuneigung, unserer Verbundenheit. Klarheit in der Erziehung wird immer wichtiger. Mit ihr lassen sich sehr viele Probleme vermeiden, gegenwärtig und später!

1. Klar sein, wenn es um Regeln und Grenzen geht

Evelien geht mit ihrem vierjährigen Sohn Jasper durch den Supermarkt. Als sie alle Einkäufe im Wagen haben und auf dem Weg zur Kasse sind, kommen sie am Süßigkeitenregal vorbei. Evelien hat hier schon öfter Schwierigkeiten mit Jasper gehabt: Bei diesem Regal fängt er regelmäßig an zu quengeln und zu greinen.

Diesmal möchte Evelien ihm einen Schritt voraus sein. Als sie bei dem Regal ankommen, sagt sie: »Jasper, wir wollen diesmal nicht um Süßigkeiten betteln, nein? Abgemacht?«

Jasper hört kaum hin und hat offenbar nicht das geringste Bedürfnis, auf diese Abmachung einzugehen. Sein Blick fällt auf eine Schlange aus farbenfrohen Kaugummikugeln in Zellophanpapier. »Die will ich!« ruft er gebieterisch. »Nicht doch, Lieber, wir wollten heute doch nicht betteln. Komm, wir gehen weiter!« antwortet Evelien. Sie schiebt ihren Einkaufswagen weiter und um die Ecke zur Kasse. Als sie ihre Einkäufe auf dem Förderband hat und gerade zahlen will, merkt sie, daß Jasper nicht neben ihr steht.

»Jasper, komm her!« ruft sie, doch Jasper kommt nicht zum Vorschein. Evelien rennt zurück zum Süßigkeitenregal, und natürlich, da steht er mit einer Kette Kaugummikugeln in der Hand.

»Zum Kuckuck!« sagt Evelien irritiert. »Das wollten wir doch bleiben lassen!? Also gut ... wenn du die fiesen Dinger so gern haben willst...« Sie zerrt Jasper an der Hand mit zur Kasse und sagt – wobei sie immer noch irritiert klingt – zur Kassiererin: »Rechnen Sie die noch dazu. Der kleine Herr mußte wieder mal seinen Kopf durchsetzen!«

Jasper steht betreten da und betrachtet die Kaugummikette in seiner Hand. »Pfui!« fügt Evelien noch hinzu, »so mag ich dich gar nicht mehr!«

Zu derartigen Situationen kommt es mit großer Regelmäßigkeit: Kinder zeigen ein Verhalten, das die Eltern ärgert, manchmal sogar maßlos irritiert. Eltern empfinden in einer solchen Situation nicht nur Irritation, sondern häufig auch Ohnmacht: Wie kann man sein Kind zu einem anderen Verhalten bewegen? Wie kann man es dahin bewegen, daß es tut, was man will? Evelien versucht, Jaspers fast vorhersagbarem Verhalten einen Schritt zuvorzukommen, und was geschieht? Genau das, was sie hatte verhindern wollen! Sind Kinder denn so unbelehrbar? Oder ist es vielleicht eine Phase in ihrer Entwicklung, etwas, womit man leben und mit dem man eine Zeitlang vorlieb nehmen muß?

Kinder sind natürlich keine kleinen Hunde, die man abrichten kann, und doch ist es möglich, Kindern auf sehr klare und sympathische Weise beizubringen, wo die Grenzen liegen und an welche Regeln sie sich zu halten haben. Nur... dann muß es schon anders gehen und nicht so, wie Evelien es versuchte.

Evelien hatte beim Einkauf im Supermarkt eine Grenze im Kopf: Heute keine Süßigkeiten und kein Gequengel.

Sie zeigt Jasper zwar, daß sie es »lieber nicht sieht«, wenn er heute um Süßigkeiten bettelt, aber für Jasper ist das offenbar nicht deutlich genug. Er bettelt trotzdem. Und er setzt sich schließlich auch noch durch. Evelien gibt also die Grenze auf, die sie selbst gesetzt hat. Zu ihrer eigenen Verärgerung, denn die Irritation, die Evelien an der Kasse zeigt, bezieht sich wahrscheinlich − obwohl sie sich dessen nicht bewußt sein wird − auf sie selbst.

Viele Eltern gehen so mit Grenzen und Regeln um, die sie selbst setzen: schwankend, unsicher, halbherzig, inkonsequent... Wenn Kinder nicht sofort lockerlassen, gehen die Eltern in die Knie. So machen sie die Situation für Kinder nur noch unklarer. Und Unklarheit bedeutet für Kinder fast dasselbe wie Unsicherheit.

Jasper betrachtet nicht umsonst so betreten seine Kaugummikette. Er hätte auch ganz triumphierend um sich sehen können: »Und ich habe doch bekommen, was ich wollte!« Doch das Irritiertsein seiner Mutter und die

Undeutlichkeit, die aus dem ganzen Geschehen spricht, beladen ihn schließlich mit einem unangenehmen, schmerzlichen Gefühl. Im Grunde fühlen sich beide, Evelien und Jasper, als Verliererpartei: Evelien hat ihren »Kampf«, dem Betteln um Süßigkeiten zu begegnen, verloren, und Jasper hat die Zuneigung seiner Mutter verloren; er fühlt sich zurückgewiesen.

Kinder fordern uns zu Klarheit und Deutlichkeit heraus

Eltern haben oft das Gefühl, daß ihre Kinder deshalb unakzeptables Verhalten an den Tag legen, weil sie sich ihren Eltern querstellen, sie ärgern und ihnen das Leben sauer machen wollen. So als liege es im Charakter des Kindes. »So ist es nun einmal, es ist einfach ein schwieriges Kind«, sagen sie dann.

Kinder haben aber selten das Bedürfnis, ihren Eltern das Leben sauer zu machen oder diese gegen sich in Harnisch zu bringen. Sie haben im Gegenteil ein unbedingtes Interesse daran, sich die Gunst ihrer Eltern zu bewahren. Das Leben ist für sie – ganz bestimmt für kleine Kinder – in vielerlei Hinsicht noch so kompliziert, so unklar und bedrohlich, daß sie ein dringendes Bedürfnis nach Sicherheit und Gewißheit haben. Und wer kann ihnen das besser bieten als ihre eigenen Eltern? Eltern, die ihren Kindern klare Regeln und Grenzen setzen und damit sicher und konsequent umgehen, zeigen damit eigentlich, daß sie ihr Kind lieben.

Kinder umgehen die ihnen vorgegebenen Grenzen und Regeln auch nicht, weil sie von Natur aus einen schwierigen Charakter hätten, der sie zwänge, sich querzulegen. Genau wie bei Erwachsenen lassen sich natürlich auch bei Kindern charakterliche Unterschiede feststellen. Diese Unterschiede werden oft nicht vergrößert, sondern im Gegenteil verkleinert, wenn klare Regeln und Grenzen vorgegeben werden. Besonders Kinder, die als Säuglinge schon »schwierig« waren (unregelmäßig aßen und schliefen, häufig schlechte Laune hatten, viel weinten), werden auf die Dauer zunehmend weniger schwierig, wenn man sie mit einem Maximum an Klarheit erzieht.

»Ja, aber«, sagte eine Mutter kürzlich während eines Elternabends, »wenn ich ihm sehr deutlich gesagt habe, daß er wirklich um sechs Uhr zu Hause zu sein hat, weil wir zum Beispiel abends fortmüssen, bringt er es dennoch fertig und kommt erst gegen halb sieben heim. Obwohl er eine Armbanduhr hat und die Uhr schon kennt!«

Viele Kinder scheinen die Grenzen und Regeln, die ihnen vorgegeben werden, zu ignorieren. Sie tun dies nicht, um ihre Eltern zu ärgern, sondern – meistens – um sie auf die Probe zu stellen und zu wirklicher Klarheit herauszufordern.

Eine einmal genannte Regel oder Grenze ist für ein Kind oft nicht genug. Kinder wollen wissen, ob diese Regel oder Grenze auch wirklich etwas bedeutet. Erst dann kann von einer klaren Grenze die Rede sein. Solche klaren Grenzen und Regeln brauchen Kinder. Sie geben dem Leben Struktur. Für kleine Kinder ist die Welt, in die sie hineinfallen, ist eigentlich das ganze Leben dermaßen chaotisch und unübersichtlich, daß wir es uns fast nicht vorstellen können. Grenzen und Regeln bieten hier Struktur und Halt.

Kinder, die mit zu wenig Grenzen aufwachsen oder die regelmäßig mit unklaren Grenzen konfrontiert sind – wie Jasper im Supermarkt –, werden sich auf Dauer zunehmend gefährdet und unsicher fühlen. Kinder dagegen, die mit genügend Regelmaß und Struktur aufwachsen, werden sich zunehmend gefahrenfrei und sicher fühlen.

Man signalisierte mir einmal, daß es in vielen Familien regelmäßig »Gerangel« um die Essenszeiten gebe. Wenn das Essen auf dem Tisch stehe und die Kinder gerufen würden, dauere es oft noch eine ganze Zeit, bis sie auch wirklich am Tisch säßen. Dazu habe es außerdem noch jeder Menge Gepredige, Drohungen und Getue bedurft.

Ich habe daraufhin eine große Zahl von Familien daheim besucht. Mir fiel auf, daß es in bezug auf die Essenszeiten zwei Arten von Familien gab: In dem einen Familientyp wurde quasi täglich mit den Kindern über die Essenszeiten »verhandelt«. In den anderen Familien bestand einfach eine feste Regel: Zu der und der Zeit wird gegessen, und darüber wird nicht gemeckert. In diesem zweiten Familientyp fühlten Eltern und Kinder sich gleichermaßen wohler, ruhiger und auch etwas sicherer als im ersten Familientyp. Wenn bestimmte Dinge wie Essenszeiten klar geregelt sind, schafft das Ruhe.

Zurück zu den Zeiten strikter Strenge?

Regeln, Grenzen, Klarheit... alles gut und schön, aber machen wir damit nicht zehn Schritte zurück? Bewegen wir uns nicht zurück zu dem Erziehungsstil, in dem viele von uns seinerzeit selbst großgezogen wurden, zu einer autoritären Erziehung, in der Kinder nichts einzubringen haben?

Einen autoritären Erziehungsstil sollten wir uns tatsächlich nicht wieder ins Haus holen. Es gibt genügend Beweise, die zeigen, daß ein derartiger Erziehungsstil hauptsächlich Nachteile hatte und ernste Risiken für die Kinder mit sich brachte. Zur Zeit sind sehr viele Menschen bei Psychiatern und Psychotherapeuten in Behandlung, weil sie in ihrer Jugend dermaßen autoritär erzogen worden sind, daß sie damit noch immer Probleme haben. Sie sind als Kinder unterdrückt und mundtot gemacht worden. Ihr eigener Wille wurde mißachtet, ihr eigenes Verantwortungsgefühl gebrochen. Manche von ihnen haben fast keinen eigenen Willen mehr oder wagen ihn nicht mehr zu äußern, aus Angst vor den möglichen Folgen; sie sind total abhängig von den Erwartungen anderer. Andere haben aus dieser autoritären Erziehung ein sehr negatives Bild ihrer selbst übrigbehalten: »Ich kann nichts, ich weiß nichts, ich verderbe alles, niemand liebt mich – und das zu Recht!«

Eine wirklich autoritäre Erziehung ist nicht nur streng und geradlinig, sondern vor allem herzlos und grausam. Regeln und Grenzen werden ohne Liebe vorgegeben, ohne Wärme, ohne Zuneigung den Kindern gegenüber. Bei einer wirklich autoritären Erziehung geht es hauptsächlich um die Regeln und nicht so sehr um das Kind. Des Vaters oder der Mutter Wille ist Gesetz, punktum! Die Bedürfnisse und Meinungen des Kindes werden dabei nicht berücksichtigt. »Du tust das, weil ich es will!« ist das Argument des autoritären Erziehers. Und wenn Kinder es wagen, sich gegen eine Regel oder Grenze aufzulehnen, die ihnen auferlegt wird, wird dieser Widerstand notfalls mit harter Hand unterdrückt.

So werden Kinder nicht großgezogen, so werden sie eigentlich auch nicht klein gehalten: Mit einem derartigen Erziehungsstil werden Kinder einfach plattgewalzt und zerrieben.

Diesen Erziehungsstil dürfen wir nicht wieder einführen. Zum Glück gibt es andere Arten, Kindern Regeln und Grenzen beizubringen. Warme, liebevolle Arten des Umgangs miteinander. Deutlich und effizient, das schon, aber vor allem auch mit *Respekt* vor Kindern. Wir werden in den nachfolgenden Kapiteln ausführlich auf diese Arten des Umgangs eingehen.

2. Klar sein, wenn es um Anerkennung geht

Sander (15 Jahre) hat ein geschäftiges Leben. Neben der Schule trägt er Zeitungen aus und ist Mitglied im Fußballclub und im Schwimmverein. Am Wochenende wäscht er gegen eine kleine Vergütung die Autos der Nachbarn. Kein Wunder, daß seine Hausaufgaben bisweilen darunter leiden. Trotzdem schafft er es jedes Jahr wieder, versetzt zu werden, sogar mit recht guten Noten!

Als Sander sein Versetzungszeugnis bekommen hatte und ein paar Tage später noch einmal zu einem Klassenfest in die Schule kam, erschrak der Klassenlehrer bei seinem Anblick. Sander sah so düster und abwesend aus, er schien völlig niedergeschlagen!

Der Klassenlehrer nahm ihn kurz zu einem Gespräch beiseite. Es dauerte nicht lange, da kam die ganze Geschichte heraus. Sander war völlig außer sich darüber, wie die Eltern auf sein Zeugnis reagiert hatten. Das einzige, was sie gesagt hatten, war gewesen: »Du solltest dich einmal etwas mehr um deine Hausaufgaben kümmern und nicht soviel durch die Straßen streunen. Sieh zu, daß du auch im nächsten Jahr wieder versetzt wirst!«

Schluchzend bekannte Sander danach: »Ich bekomme nie mal was Nettes zu hören. Immer bekritteln sie mich. Dabei rackere ich mich ab, weil... dann brauche ich sie nicht um ein Taschengeld zu bitten...« Sander war dermaßen fassungslos, daß er sogar hinzufügte: »Sie haben mich überhaupt nicht lieb. Ich könnte genausogut tot sein!«

Kinder brauchen nicht nur klare Regeln und Grenzen. Jedes Kind, auch das schwierigste und störendste, zeigt viele gute Verhaltensweisen; Verhaltensweisen, die sehr wohl akzeptabel, die anerkennenswert sind. Und jedes Kind hofft diese Anerkennung auch zu hören! Geschieht das nicht, so sind sie – und das mit Recht – tief enttäuscht.

Das Problem dabei ist, daß Kinder kein so ausgeprägtes Relativierungsvermögen haben wie Erwachsene. Wenn wir, die Erwachsenen, uns in unserer Arbeit schrecklich ins Zeug legen und niemandem fällt das auf, niemand sagt etwas dazu – dann sind wir (wenigstens in den meisten Fällen) imstande zu denken: Auch gut, Pech gehabt. Morgen legen wir uns vielleicht etwas weniger ins Zeug und übermorgen noch weniger. Aber meistens geraten wir dadurch nicht völlig aus der Fassung. Bei Kindern verhält es sich anders.

Kinder sind oft viel verletzlicher, als es den Anschein hat. Wenn sie nie etwas Nettes, etwas Anerkennendes zu hören bekommen, zweifeln sie allmählich an sich selbst. Sie fragen sich mitunter sogar, wozu sie eigentlich leben.

Die Zahl unglücklicher, depressiver Jugendlicher, die irgendwann überhaupt keinen Ausweg mehr sehen und ernsthaft über Selbsttötung nachdenken, ist in den letzten Jahren enorm angestiegen. Selbsttötung stellt bei Jugendlichen gegenwärtig die zweithäufigste Todesursache (nach Verkehrsunfällen) dar. Längst nicht in allen Fällen ist Selbsttötung bei Jugendlichen die Folge von Depressivität, und Depression ist auch längst nicht immer die Folge mangelnder Anerkennung. Doch schwingt dies in einer Reihe von Fällen mit. Ein Mangel an Anerkennung – sagen wir ruhig: an Liebe – ist für Kinder und deren Entwicklung ebenso bedrohlich wie ein Mangel an Essen oder Trinken.

Kinder, die mit einem Mangel an Anerkennung oder sogar ohne jedes Zeichen der Anerkennung aufwachsen, sind sich nie sicher, ob das, was sie tun, auch gut ist. Sie werden unsicher, haben Angst, etwas zu unternehmen. Oder sie suchen auf anderen Wegen nach Anklang und

Aufmerksamkeit, nach Bestätigung. Wenn sie für ihr gutes Verhalten keine Anerkennung bekommen, versuchen sie vielleicht, über unerwünschtes und unakzeptables Verhalten Aufmerksamkeit zu erregen. So kann ein sehr unangenehmes Beziehungsmuster entstehen, in dem das Negative die Oberhand hat.

Die »Nein«-Spirale

Viele Eltern stecken in der Beziehung mit ihren Kindern in einer abwärts gerichteten Spirale: Kinder legen unakzeptables Verhalten an den Tag, die Eltern sind zunehmend irritiert, Kinder zeigen wieder (aber vielleicht auf andere Weise) unakzeptables Verhalten, die Eltern sind noch mehr irritiert. So kann etwas zu einem Muster werden, das die ganze Beziehung zu bestimmen scheint und nicht leicht zu durchbrechen ist.

Susan hat zwei Kinder, Marco (sechs Jahre) und Yvette (vier Jahre). Sie ist geschieden, und manchmal ist es ganz schön schwer für sie, den gesamten Haushalt allein zu regeln und mit dem wenigen Geld auszukommen. So hat sie auch Anwandlungen, in denen ihr die Kinder leicht zuviel sind. Als sie wieder einmal eine solche Laune hat, bemerkt Marco das. Er will seine Mutter aufmuntern und beschließt, ihr eine Tasse Tee zu kochen. Er bringt selbst das Wasser zum Kochen, tut einen Teebeutel in eine Tasse und gießt das Wasser darüber. Es kostet ihn Mühe, aber er weiß die Tasse unversehrt ins Wohnzimmer zu bringen und stellt sie vor Susan hin.

Als sie das sieht, sagt sie: »Tee!? Hatte ich etwa darum gebeten! Sieh nur: Tropfen überall auf dem Boden! Nimm einen Lappen und mach das sauber!« Marco geht in die Küche, kommt aber nicht mehr zurück. Als Susan kurz darauf nachsieht, schlägt Marco gerade mit einem Geschirrtuch in eine Schüssel mit Wasser, daß es nur so spritzt. »Idiot!« ruft Susan, »kannst du dich nicht normal benehmen? Jetzt kann ich wieder die ganze Küche aufwischen. Wegen dir bekomme ich noch einmal graue Haare. Kannst du nicht einfach mal ruhig spielen, wie Yvette zum Beispiel? Los, fort mit dir!« Marco geht schmollend wieder ins Wohnzimmer. Kurz darauf hört Susan Yvette losbrüllen. Sie stürmt ins Wohnzimmer und sieht, wie Yvette weinend neben einem kaputten Spielzeugtelefon sitzt: Marco ist mit dem Fuß draufgetreten, und bestimmt nicht aus Versehen!

Kinder, die unakzeptables Verhalten an den Tag legen, sind oft viel gehorsamer, als es den Anschein hat: Sie tun genau, was man von ihnen erwartet. Wenn Marco seine Mutter rufen hört, daß er ein »Idiot« sei und daß er ihr graue Haare verursachen werde, tut Marco etwas, was tatsächlich blöd und ärgerlich ist!

Manchmal wird Kindern – unbewußt und unbeabsichtigt zwar, aber dennoch – in der Familie die Rolle des schwarzen Schafs zugewiesen, des Kindes, das alles verdirbt, das nichts gut macht. Wenn Kinder Sätze wie »Kannst du dich nicht normal benehmen?« zu hören bekommen, dann hören sie darin etwas Ähnliches wie: »Ich bin nicht normal, von mir wird nichts Gutes, nichts Normales erwartet.« Und gehorsame Kinder verhalten sich dementsprechend, sie mimen den Hanswurst, sie stellen sich an, werden zu Stümpern und Stotterern.

Kinder haben ein Radarsystem, mit dem sie die Erwartungen ihrer Eltern untrüglich registrieren. Für manche Kinder sind die von den Eltern gehegten Erwartungen eine Art Zwangsjacke: Sie können sich dem nicht entziehen. Eine solche Spirale aus negativem Verhalten / negati-

ver Reaktion / erneut negativem Verhalten / noch negati-
veren Reaktionen ist daher nur schwer zu durchbrechen.

Eigentlich gibt es nur eine einzige Art, das zu tun: dem
akzeptablen Verhalten Anerkennung entgegenzubringen
und das den Kindern auch zu zeigen. Marcos Mutter
hätte sich und Marco sehr viel Ärger ersparen können,
wenn sie der lieb gemeinten Tasse Tee rechtzeitig die
nötige Anerkennung entgegengebracht hätte. Leider hatte sie mehr Aufmerksamkeit für die Flecken auf dem Fuß-
boden, die waren für sie unakzeptabel. Es scheint oft, als
erreichten Kinder mit unakzeptablem Verhalten viel
mehr Aufmerksamkeit, als seien alle Scheinwerfer darauf
ausgerichtet, so daß alles andere im Schatten ver-
schwindet.

Anfänglich kostet es bisweilen Mühe, Anerkennung
für normales Verhalten zu äußern, das die Kinder den
ganzen Tag über zeigen, doch diese Mühe wird rasch
belohnt. Wenn Sie Anerkennung äußern, ist es, als würden Sie einen Zauberstab schwenken: Mit einem Schlag
ändert sich etwas!

Eltern, die mit ihren Kindern in einer »Nein-Spirale«
stecken, merken oft, daß diese Spirale gewissermaßen
umgedreht wird. Die Beziehung wird weniger von negativem Verhalten und den darauf folgenden negativen Reaktionen getrübt; statt dessen entsteht Spielraum für po-
sitives Verhalten und die darauf folgenden positiven Reaktionen. Die Beziehung mit den Kindern und die Atmosphäre daheim bessern sich zusehends.

Anerkennung zu äußern für »normales«, akzeptiertes
Verhalten kostet vielleicht auch deswegen Mühe, weil es
bisweilen so schwer ist, dieses »normale« Verhalten
überhaupt wahrzunehmen. Es ist ja so normal, wenn Ihr
Kind hereinkommt, seine Schuhe abtritt, den Mantel an
den Haken hängt und »Hallo Mutti« sagt. Es sollte einmal wagen, hereinzukommen und seine Schuhe nicht
abzutreten oder die Jacke in eine Ecke zu feuern! Um
wirklich einen Blick für akzeptables, anerkennenswertes

Verhalten von Kindern zu entwickeln, bedarf es einer Art von Training. Aber das ist etwas, worin alle Eltern, die ihr Kind oder ihre Kinder wirklich lieben, sich üben können.

3. Klar sein, wenn es um die Beziehung geht

Tino (vier Jahre) war so ein unkompliziertes Kerlchen. Schnell sauber, immer fröhlich und nie verquer – Tinos Leben schien ein großes Fest zu sein, dessen strahlender Mittelpunkt er selber war, weil alle ihn liebten. Bis seine Schwester geboren wurde. Von dem Augenblick an geriet alles zu einer großen Katastrophe: Tino hörte nicht mehr hin, weinte wegen jeder Kleinigkeit, näßte wieder in die Hose und trat ab und zu wütend gegen ein Tischbein. »Er ist eifersüchtig«, sagte Tinos Großmutter, und sie hatte recht. »Er stellt sich an«, sagte Tinos Mutter, und sie hatte recht. »Du hältst dich jetzt ein bißchen zurück, verstanden?« sagte Tinos Vater, und auch er hatte recht. Von der Geburt dieser Schwester an war niemand mehr so nett zu Tino wie davor. Und Tino wurde immer weniger nett zu andern. Zuletzt erwischte seine Mutter ihn sogar einmal dabei, daß er mit der Schere über die Wiege seiner Schwester gebeugt stand. Seine Mutter ging mit ihm zum Arzt. »Ich weiß mir keinen Rat mehr mit ihm«, sagte sie zu dem Arzt und deutete mit dem Kopf in Tinos Richtung, während sie in beiden Armen sacht und liebkosend das Baby wiegte. Tino starrte geistesabwesend vor sich hin.

Gute Jugenderinnerungen sind im allgemeinen Erinnerungen an eine warme, innige Verbindung mit den Eltern. Eine Beziehung voll Sicherheit, eine klare Beziehung ohne Mißverständnisse; ohne bleibende Mißverständnisse jedenfalls.

Für Kinder ist es geradezu ein Überlebensbedürfnis, in der Beziehung zu ihren Eltern Sicherheit zu haben, zu wissen, woran sie sind. »Hast du mich lieb oder nicht?« »Akzeptierst du mich so, wie ich bin, oder lehnst du mich ab?« scheinen sie von Zeit zu Zeit zu fragen. Nicht so sehr mit Worten, sondern in ihrem Verhalten.

Manche Kleinkinder zum Beispiel verhalten sich eine Zeitlang sehr anhänglich. Es scheint, als hingen sie unzertrennlich an Rock oder Hosenbeinen ihrer Eltern. Wenn die Eltern für einen Moment aus dem Blickfeld verschwinden, setzt sofort ein herzzerreißendes Weinen ein. Wenn sie vorübergehend eine strenge Miene aufsetzen oder einen strengen Ton von sich geben, ist Holland sofort in Not. Es kann eine klare Ursache für dieses Verhalten geben, etwa einen Krankenhausaufenthalt. Doch anhängliches Verhalten kann auch augenscheinlich »einfach so« entstehen, ohne erkennbare Ursache. Kinder wollen dann Sicherheit, die Schwarz-auf-Weiß-Garantie, daß sie von ihren Eltern nicht in einem unerwarteten Augenblick beiseite geschoben werden.

Bei Tino schwingt diese Angst sehr deutlich mit. Er fühlt sich zurückgewiesen, vom Thron gestoßen, von seinem einzigartigen Platz als immerzu bewundertes Einzelkind vertrieben. Tino empfindet nur die Hälfte: Er ist von seinem einzigartigen Platz vertrieben, aber darum noch nicht zurückgewiesen. Nur... wie bringt man Tino das bloß bei? Kindern, die sich so miserabel fühlen wie Tino, braucht man nichts zu verdeutlichen: Was man ihnen auch erzählen oder erklären mag, sie würden es doch nicht hören. Wenn Kinder sich so fühlen, kann man nur eines tun, um ihnen zu helfen: zuhören. Mit zwei Ohren, mit zwei Augen, aber vor allem mit einem warmen Herzen und zwei tröstenden Armen. Ein Kind wie Tino muß nicht nur hören, sondern vor allen Dingen fühlen, daß seine Eltern es noch genauso wichtig und lieb finden wie vor der Geburt des blöden Schwesterchens. Tino ist nicht eifersüchtig – er ist bekümmert. Tino stellt sich nicht an – er weiß sich keinen Rat. Und welche Eltern würden ein Kind in seinem Kummer oder in seiner Ratlosigkeit abweisen oder gar »darin schmoren lassen«?

Kennzeichnend für eine gute Beziehung – und das gilt auch für die Beziehung zwischen Eltern und Kindern – sind Klarheit und Sicherheit. In einer guten Beziehung wissen die Partner, was sie aneinander haben, und sie haben das sichere Gefühl, mit dem jeweils anderen rechnen zu können. Kindern, die Zweifel an ihrer Beziehung mit den Eltern haben, fehlt dieses sichere Gefühl. Damit fehlt ihnen eines der allerwichtigsten Bestandteile für eine gesunde Entwicklung. Und dieser Mangel kann die Ursache sehr vieler Verhaltensprobleme sein.

Papis liebes kleines Mädchen . . .

Kinder können unakzeptables Verhalten an den Tag legen, Verhalten, das wirklich zu weit geht, aber viele Eltern sind auch nicht ohne! In den Niederlanden werden jährlich Zehntausende von Kindern mehr oder weniger schwer mißhandelt. Einige Dutzend Säuglinge kommen jedes Jahr ums Leben, weil ihre Eltern sie, verzweifelt wegen des Geschreis oder aus irgendeinem anderen Grund, so sehr durchschütteln, daß das Kind daran stirbt. Vorsichtigen Schätzungen zufolge wird eines von sieben Mädchen sexuell mißhandelt: bei Fürsorgeeinrichtungen scheint psychische Not infolge von Inzest augenblicklich der häufigste Anmeldegrund zu sein. Schulärzte melden, daß eines von fünfzehn untersuchten Kindern Spuren von Mißhandlung aufweist.

Ein Kind, das mißhandelt wird, kann mitunter – zur Verwunderung aller – seine Eltern noch aufrichtig lieben. Aber die meisten geraten doch früher oder später in ernste Schwierigkeiten. So ergeben Studien, daß 80 Prozent der Mädchen und jungen Frauen, die nach einer versuchten Selbsttötung ins Krankenhaus aufgenommen wurden, als Kind mißhandelt worden waren – häufig sexuell mißhandelt. In vielen Fällen haben sie jahrelang ihr Bestes getan, um die Beziehung mit ihren Eltern auch weiter eine gute Beziehung sein zu lassen. Aber zuletzt sehen sie keinen Ausweg mehr.

Für Inzest gibt es keine Entschuldigung. Wie verführerisch und anschmiegsam Kinder sich auch verhalten mögen, Inzest ist und bleibt eine Form sexueller Gewalt. Einsatz und Mißbrauch von Macht. Dazu ist es ein Doppelspiel: Papis liebes kleines Mädchen wird erst an sich gedrückt, was eine Äußerung aufrichtiger Liebe sein kann, und anschließend mißbraucht – was auf einen völligen Mangel an Respekt hindeutet. Kinder sind äußerst sensibel für ein solches Doppelspiel, sie haben eine gesonderte Antenne dafür. Schließlich fühlen sie sich in vielerlei Hinsicht noch so unsicher und so abhängig von ihren Eltern, daß sie keine Unklarheit in der Beziehung mit diesen ertragen können.

Verhalten dürfen Sie ablehnen, nicht das Kind!

Dieses kindliche Bedürfnis, Klarheit über die Beziehung mit den Eltern zu erlangen, stellt die Eltern faktisch vor die Notwendigkeit, ab und zu eine Art Selbstuntersuchung vorzunehmen. Liebe ich mein Kind wirklich, akzeptiere ich es so, wie es ist – bedingungslos? Oder stelle ich bestimmte Bedingungen: Will ich zum Beispiel, daß mein Kind sich erst verändert, ehe ich es akzeptieren und ihm meine Liebe geben kann? Eltern, denen es schwerfällt, ihr Kind so zu akzeptieren, wie es ist, verwechseln wahrscheinlich das Verhalten des Kindes mit dem Kind selbst.

Ein Kind, das wegen einer Kleinigkeit losweint, ein

Kind, das abends nicht ins Bett will, ein Kind, das Stunden später nach Hause kommt als verabredet, ein Kind, das das Einkaufsgeld für Süßigkeiten oder Spielzeug ausgegeben hat – ein solches Kind bekommt mitunter zu hören: »Mit dir ist kein Auskommen!«; »Wie garstig du wieder bist!«; »Du wirst es nie lernen!«; »Du bist wirklich unmöglich!«

Kinder fassen derartige Aussagen leicht und nicht zu Unrecht als totale Ablehnung auf. Mit diesen Aussagen wird zudem ein schweres Urteil über das Kind verhängt (und nicht über das Verhalten des Kindes). »Du bist nicht in Ordnung«, lautet das Urteil.

Kinder, die regelmäßig zu hören bekommen, daß sie »nicht in Ordnung« sind, unterliegen der Gefahr, sich selbst auf die Dauer ebenfalls für »nicht in Ordnung« zu halten – nicht umsonst wird ihnen das so oft gesagt. Und Eltern, die regelmäßig derartige Botschaften vermitteln, können auf die Dauer auch selbst zu der Überzeugung gelangen, ihr Kind sei »nicht in Ordnung«, und es dadurch – durch ihre eigenen Aussagen also! – zunehmend schwerer haben, das Kind so zu akzeptieren, wie es ist.

Verhalten darf zurückgewiesen werden, besonders wenn es um für die Eltern unakzeptables Verhalten geht. Aber Verhalten zurückzuweisen ist etwas anderes, als ein Kind zurückzuweisen. Wenn Eltern ihr Kind korrigieren wollen, dann werden sie sich zuallererst die Frage stellen müssen: Welches konkrete Verhalten meines Kindes ist für mich unakzeptabel, was tut und sagt mein Kind genau, daß in mir dieses Gefühl entsteht? Eine deutliche Antwort auf diese Frage ist immer der erste Schritt zur Festlegung von Regeln und Grenzen.

II. Wo genau liegen die Grenzen?

Einleitung

Kinder wollen klare Regeln und Grenzen, aber... welche Regeln und welche Grenzen legt man in der Erziehung an? Und warum? Warum ist es unakzeptabel, wenn ein Kind eine Stunde später als verabredet nach Hause kommt? Warum finden Eltern es toll, wenn ihr Kind mit ein paar Freunden in die Stadt geht, und warum finden sie es überhaupt nicht gut, wenn es mit bestimmten anderen Freunden loszieht? Warum finden Eltern es in Ordnung, wenn ihr Kind sich Geld für eine Straßenbahnkarte nimmt, und warum werden sie fuchtig, wenn dasselbe Kind »einfach so« Geld aus dem Portemonnaie nimmt? »Warum tust du das bloß?« fragen Eltern oft, wenn ihr Kind etwas ausgefressen hat. Besser wäre, sie würden sich selbst fragen: »Warum finde ich dieses Verhalten meines Kindes unakzeptabel?«

Es gibt drei Arten von Grenzen, die Kindern gesetzt werden sollten. In diesem Kapitel gehen wir darauf ein.

1. Die erste Frage: Wer bestimmt die Regeln und Grenzen?

Auf jeder Landkarte ist deutlich zu sehen: Zwischen den Niederlanden und Belgien verläuft eine rot gepunktete Linie, die Grenze. Diese Grenze hat es dort schon seit langer Zeit gegeben, und höchstwahrscheinlich wird sie auch noch ein Weilchen fortbestehen. Bezüglich dieser Grenze gibt es keine Mißverständnisse. Das ist nicht immer so gewesen: Im letzten Jahrhundert hat man deswegen noch blutige Kämpfe ausgetragen. Und diese Grenze wird vielleicht auch nicht ewig so aussehen, wie sie gegenwärtig aussieht. Doch zur Zeit ist sie klar und deutlich, und darum hat es wenig Sinn, darüber zu spekulieren.

Mit Grenzen in der Erziehung ist es eigentlich nicht anders. Gemeinsam mit Kollegen begleite ich regelmäßig Gordon-Kurse. Das sind Elternkurse, die von dem bekannten amerikanischen Psychologen Thomas Gordon entworfen und ausgearbeitet wurden. In diesen Kursen werden Eltern sehr systematisch Fertigkeiten vermittelt, die Beziehung mit ihren Kindern in Ordnung zu halten oder nötigenfalls wieder in Ordnung zu bringen. Zu diesen Fertigkeiten gehört unter anderem das Festlegen von Grenzen, und zwar in einer deutlichen Art und Weise.

In den Gordon-Kursen und auch in den Büchern Thomas Gordons wird davon ausgegangen, daß alle Verhaltensweisen eines Kindes gewissermaßen durch einen »Rahmen« gesehen werden können. Irgendwo innerhalb dieses Rahmens kann eine Linie gezogen werden: die Grenze. Verhaltensweisen oberhalb dieser Linie sind für die Eltern akzeptabel, Verhaltensweise unterhalb derselben sind das nicht.

Als Beispiel folgt ein imaginärer Verhaltensrahmen eines imaginären Kindes; nennen wir ihn Marcel.

Akzeptables Verhalten

- M. tut einen Zuckerwürfel in seinen Tee.
- M. räumt die Teller vom Eßtisch und bringt sie in die Küche.
- M. wirft seine schmutzigen Jeans in den Wäschekorb.

- M. geht mit zwei Freunden, Theo und Wim, zum Schwimmbad.
- M. geht um acht Uhr ins Bett.
- M. wacht nachts weinend auf und erzählt, daß er schlecht geträumt hat.

Grenze

Unakzeptables Verhalten

- M. tut fünf Zuckerwürfel in seinen Tee.
- M. kommt herein und wirft seine Jacke auf den Boden.
- M. schaltet den Fernseher achtmal an und aus.
- M. geht mit zwei Freunden, Henk und Jan, in die Stadt (ohne vorher zu sagen, wohin er geht).
- An einem normalen Schultag liegt M. morgens um acht noch im Bett, obwohl er um halb neun in der Schule sein muß.

Bei Marcels Verhaltensweisen oberhalb der Grenze werden die meisten Eltern wahrscheinlich das Gefühl haben: »Ja, das würde ich auch akzeptieren!« Ein gutes Gefühl ergibt sich aus diesem Verhalten des Kindes, ein »Okay-Gefühl«. Bei den Verhaltensweisen Marcels, die unterhalb der Grenze liegen, werden viele Eltern wahrscheinlich ein ganz anderes Gefühl in sich wiederfinden. Es kann ein Gefühl der Irritation sein oder der Wut oder der Ohnmacht und Besorgtheit; kurz: ein »Nicht-okay-Gefühl«.

Dieses elterliche Gefühl ist eigentlich bestimmend für die Frage: Wo liegt die Grenze? Was akzeptiere ich, und was akzeptiere ich nicht? Gefühle sind sehr persönlich. Bei ein und demselben Verhalten kann der eine Elternteil ganz andere Gefühle bei sich registrieren als der andere. Was Großmutter oder die Lehrerin vielleicht ganz in Ordnung finden, finde ich nicht in Ordnung. Deshalb muß bei dieser Frage die Betonung auf dem *ich* liegen: Bekomme *ich* bei einem bestimmten Verhalten meines Kindes ein Gefühl der Akzeptanz, ein »Okay-Gefühl«, oder bekomme *ich* ein »Nicht-okay-Gefühl«?

Es gibt keine Verfassungsregel, die Kindern verbietet, fünf Würfel Zucker in ihren Tee zu tun, aber *ich* finde das nicht gut. Es hat noch nie einen Regierungschef gegeben, der Kindern offiziell verboten hat, ihre schmutzigen Jeans neben den Wäschekorb zu werfen anstatt hinein, aber *ich* bekomme ein blödes Gefühl, wenn es passiert, und *ich* habe dafür meine Gründe. Kein Jugendrichter wird ein Kind ins Arbeitslager verbannen, weil es daheim achtmal den Fernseher an- und ausgeschaltet hat, aber wenn das mit meinem Apparat geschieht, habe *ich* Angst, daß er kaputtgeht, und *ich* würde das gern verhindern.

Die Grenzen, die Eltern anlegen, können also sehr unterschiedlich sein. Es gibt Eltern, die viel von ihren Kindern akzeptieren, weil sie nicht rasch dieses »Nicht-okay-Gefühl« bekommen. Sie sind sehr akzeptanzfreudig eingestellt. Andere Eltern können viel weniger von ihren Kindern akzeptieren. Das macht die einen Eltern nicht besser oder schlechter als die anderen, sie sind einfach nur unterschiedlich. Und Kinder können das sehr gut berücksichtigen. Auch wenn in einer Familie beide Eltern eine jeweils unterschiedliche Einstellung haben – wenn zum Beispiel der Vater sehr akzeptanzfreudig ist und die Mutter weniger erträgt –, ist das für Kinder nicht unbedingt ein Problem. Die Sache hat sogar Vorteile: Wenn der eine Elternteil fort ist, sind auf einmal – vorübergehend – Dinge erlaubt, die sonst nicht erlaubt sind. Aber bei wichtigen Dingen im Kindesleben ist es natürlich schon von Belang, daß die Eltern versuchen, in gegenseitiger Rücksprache ein und dieselbe Grenze zu ziehen.

Die Grenze kann auch von Kind zu Kind unterschiedlich sein: Was Eltern dem einen Kind durchgehen lassen, schlucken sie vielleicht keinesfalls von dem anderen.

Wenn ein Kind immer treu seine schmutzige Wäsche im Wäschekorb deponiert und wenn dann einmal aus Versehen eine Socke auf der Treppe landet, ist das kaum erwähnenswert. Doch wenn ein anderes Kind ein besonderes Geschick hat, seine schmutzige Wäsche in seinem Zimmer zu verstreuen oder auf der Treppe und im Flur, kann eine schmutzige Socke auf der Treppe wahrscheinlich schon Anlaß zu einem herzhaften Wortwechsel sein... Das gleiche kindliche Verhalten – eine schmutzige Socke auf der Treppe liegenzulassen – kann sehr verschiedene Reaktionen hervorrufen.

Kinder können auch Dinge ausfressen, die für andere, vielleicht sogar für die Gesellschaft insgesamt, unakzeptabel sind. Ein Kind, das eine CD aus dem Plattengeschäft stiehlt, fügt anderen Schaden zu; ein Kind, das mit der Spraydose die Brandmauer eines Wohnblocks »bearbeitet«, läuft Gefahr, die Wut sämtlicher Hausbewohner auf sich zu ziehen. Das Demolieren von Telefonzellen kostet die Gemeinschaft Geld.

Vandalismus und Jugendkriminalität sind Dinge, die »die Gesellschaft« unterhalb der Akzeptanzlinie ansiedelt und gegen die »die Gesellschaft« auch vorgeht; in ernsten Fällen werden Polizei und Jugendrichter hinzugezogen. In einem solchen Fall ist zu hoffen, daß Gesellschaft und Eltern auf einer Linie liegen. Wenn »die Gesellschaft« es zum Beispiel verurteilt, daß ein Kind einen Altersgenossen zusammenschlägt oder eine Telefonzelle demoliert, die Eltern das dagegen akzeptabel finden, wird so ein Kind vor eine unmögliche Wahl gestellt: Wer hat denn nun recht, seine Eltern oder alle anderen? Nach welchen Normen soll es sich verhalten: nach den elterlichen oder nach denen der Außenwelt? Ein Dilemma, aus dem eine Vielzahl von Jugendlichen nicht mehr herausfindet!

2. Dreierlei Grenzen

Nicht mit den Schuhen aufs Sofa! Räum' deine eigene
Unordnung auf! Nein, nicht die Finger in die Steckdose
tun. Rechtzeitig zu Hause sein, verstanden? Erst die
Hausaufgaben machen! Du darfst keine anderen Kinder
schlagen, verstanden? Schuhe abtreten, wenn du herein-
kommst! Kannst du nicht einmal mit mehr als einem
Wort antworten? Den Teller leer essen! Ist das denn nötig, solche Ausdrücke? Und zeitig ins Bett! Ein bißchen
Respekt älteren Menschen gegenüber . . .

Eltern bringen bei der Erziehung ihrer Kinder Dutzen-
de, vielleicht sogar Hunderte von Regeln und Grenzen,
Geboten und Verboten an. Das Ganze ähnelt einem un-
übersichtlichen Brei . . . Ob ein Kind darin jemals eine
Linie entdecken kann?

Trotzdem lassen sich alle diese Regeln und Grenzen,
Gebote und Verbote sehr einfach in drei unterschiedliche
»Arten« einteilen. Drei Kategorien, die jeweils eine eigene Herangehensweise beim Aufstellen von Regeln und
beim Angeben von Grenzen erfordern. Wir wollen uns
alle drei einmal ansehen.

Grenzen im Hinblick auf die Sicherheit von Kindern

»Bist du verrückt geworden?« ruft Peter erschreckt
und reißt Marcia, seiner fünfjährigen Tochter, die
elektrische Heckenschere aus den Händen. Marcia
kommt weiter in die Garage, in der ihr Vater an
etwas herumbastelt. Kurz darauf hat sie einen
schweren, interessant aussehenden Karton entdeckt, und zwar auf einem für sie nur etwas zu
hohen Regal. Wenn sie sich auf die Zehenspitzen
stellt und die Ärmchen ausstreckt, erreicht sie ihn
gerade eben. Also versucht sie, den Karton zu sich

heranzuziehen. Peter sieht es im allerletzten Augenblick. Kurz bevor der Karton mit lautem Schlag zu Boden fällt, reißt er Marcia von dort weg und schreit: »Jetzt reicht's aber, fort mit dir!« Erschreckt und empört fängt Marcia an zu weinen und läuft aus der Garage.

Peter hat völlig recht: Marcia hätte sich zuerst mit der Heckenschere und später mit dem schweren Karton ernsthaft weh tun oder verletzen können. Das will kein Elternteil sein Kind erleben sehen, und deshalb griff Peter ein; schnell, streng und eigentlich ohne nachzudenken.

Kinder können nicht sämtliche Folgen ihres Handelns überblicken und vorhersehen. Je größer sie werden, desto mehr Einsicht erlangen sie in die vorhersagbaren Folgen ihrer Taten und desto besser können sie über ihre eigene Sicherheit wachen. Ein Dreikäsehoch von anderthalb Jahren, der gerade erst durchs Zimmer läuft und einen Erkundungsgang durch die Wohnung unternimmt, begreift noch nicht die Gefahren von Steckdosen, überhängenden Tischdecken, heißen Öfen und wackligen Stehlampen. Ein vierjähriges Kleinkind ist ganz versessen auf alles, was eine schöne Farbe hat, und sieht noch nicht den Unterschied zwischen roter Limonade und ebenfalls rotem Lampenöl. Ein Schluck aus der falschen Flasche ist schnell genommen!

Auch bei größeren Kindern fällt regelmäßig auf, daß sie sich der Risiken, denen sie sich aussetzen, nicht bewußt sind. Wenn ein sechzehnjähriges Mädchen zum erstenmal mit ihrem Freund ins Bett geht, stellt sie vielleicht – wie gut aufgeklärt sie auch sein mag – keinen Zusammenhang her zwischen all den Berichten über AIDS, die sie schon gehört hat, und dem, was sie im Augenblick selbst tut.

Ein wachsames Auge in bezug auf die Sicherheit ihrer Kinder ist Eltern so ungefähr angeboren. Akutes Eingreifen bei akut drohender Gefahr ist etwas, was Eltern wie automatisch tun. Aber wichtig ist, daß anschließend, nachdem der erste Schreck vorüber ist, das vielleicht etwas abrupte Verhalten der Eltern genau erklärt wird. Eine Grenze ohne genaue Erklärung verdeutlicht einem Kind nämlich nur wenig.

Ich habe Angst, daß...

Eltern, die ihren Kindern die »Sicherheitsgrenzen« erklären wollen, tun gut daran, sich selbst zu fragen: »Wovor hatte ich Angst, als ich eingriff?« Damit nämlich hängt die von ihnen gesetzte Grenze zusammen: Es ist *meine* Angst, die mir einflüstert: »Nimm ihr sofort die Heckenschere ab«; es ist *meine* Angst, die mich beschließen läßt, nicht locker zu lassen: »Ich will, daß du wirklich vor Einbruch der Dunkelheit zu Hause bist, also spätestens um sieben Uhr und keine Minute später!«

Was könnte geschehen, wenn ich ihr die Heckenschere nicht abnehme? Was sind die Risiken, wenn ich ein dreizehnjähriges Mädchen abends im Dunkeln allein nach Hause radeln lasse? Diese möglichen Folgen, die sehr real sein können, muß ein Kind über die Gespräche mit den Eltern kennenlernen. Das führt ganz von selbst zu anderen Erklärungen als: »Weil ich es so will« oder »Warum? Darum!«

Das sind Sätze, die nur autoritäre Eltern sich erlauben. Sie erlegen dem Kind ihren Willen auf und dulden keine Widerrede. Nicht-autoritäre Eltern sind bereit, sich zu fragen: »Weshalb sage ich das hier eigentlich?« und gewissermaßen laut zu denken. »Weshalb will ich wirklich, daß du vor sieben Uhr abends zu Hause bist? Weil es danach dunkel ist und weil mich die ganzen Berichte über vergewaltigte Mädchen deines Alters, die ich in letzter Zeit gehört habe, erschreckt haben. Darum möchte ich, daß du rechtzeitig zu Hause bist.«

So eine Aussage ist deutlich. So eine Aussage macht die aufrichtige elterliche Besorgtheit sichtbar und macht zugleich auch klar, daß diese Besorgtheit nicht aus der Luft gegriffen ist.

Jede Regel oder Grenze, die vorgegeben wird, kann bei Kindern Widerstand hervorrufen, auch so eine klare Grenze. »Ja, aber...« kann ein Kind antworten (»Ja, aber...« deutet immer auf Widerstand, auf Gegenwehr). »Ja, aber ich bin doch nicht doof! Du glaubst doch wohl nicht, ich lasse mich von einem wildfremden Mann ansprechen, der auf einmal aus dem Wald auftaucht!? Übrigens, wenn es einen Vergewaltiger im Wald gibt, dann braucht der doch nicht bis zur Dunkelheit zu warten. Das kann genausogut am hellichten Tag passieren!«

Widerstand bei Kindern ist normal und oft auch ganz folgerichtig. Manchmal bringen Kinder mit ihrem Widerstand die gesamte elterliche Argumentation ins Wanken. So ist es immer wieder eine Kunst, sowohl offen zu sein für den Widerstand, die Argumente und möglicherweise auch die Bedürfnisse des Kindes, als auch gleichzeitig die eigene Grenze im Auge zu behalten.

Wenn ein Kind jedoch in Widerstand gegen eine ganz klare und persönliche, offene Aussage der Eltern tritt, bekämpft es nicht irgendein anonymes Gesetz, sondern die aufrichtige Besorgtheit der Eltern. Daraus ergibt sich dann ein ganz anderes Gespräch!

Das Gleichgewicht zwischen zu vielen und zu wenig Grenzen – Wenn Sie Ihr Kind zu wenig auf die Risiken im Leben hinweisen, laufen Sie Gefahr, daß etwas geschieht, was sich vielleicht hätte vermeiden lassen. Wenn so etwas geschieht, etwas Schwerwiegendes, führt das zu lebenslangen Schuldgefühlen. Schuldgefühle verschaffen niemandem einen Vorteil, weder dem Kind noch den Eltern. Das Unglück zu vermeiden ist natürlich besser.

Fast ebenso schwerwiegend ist Überbesorgtheit: Zu viele Sicherheitsgrenzen halten ein Kind unnötig klein und nehmen ihm die Gelegenheit, selbst Verantwortung tragen zu lernen. Überbesorgte Eltern können manchmal den ganzen Tag hindurch allerlei Grenzen festlegen: »Mach' deine Jacke zu, gleich erkältest du dich!«; »Nicht zu nahe an den Gehwegrand kommen!«; »Bleib weg von dem kleinen Hund da, gleich beißt er dich noch!«; »Nein, ein Skateboard ist zu gefährlich!«; »Besser, du spielst nicht draußen; vielleicht fangen die Jungs aus der Querstraße wieder eine Prügelei an...«

Überbesorgte Eltern sind sich meist nicht bewußt, was sie ihrem Kind antun. Sie setzen das Kind anderen Risiken aus: Es lernt das Leben nicht kennen, es bekommt nicht die Chance, selbst zu entdecken, welche Konsequenzen sein Verhalten hat. So ein Kind entwickelt auch leicht ein negatives Selbstbild: »Ich kann nichts, ich kann nicht einmal selbst voraussehen, wozu mein Verhalten führt!« Auch andere bekommen ein negatives Bild von dem Kind; Altersgenossen werden es schon bald für einen Schwächling halten, einen Duckmäuser. Kinder untereinander nehmen kein Blatt vor den Mund; sie sagen einfach, was sie voneinander halten. Und das kann sehr hart sein!

Eine so schmerzliche Entwicklung kann dem Kind erspart bleiben. Eltern, die dieses Wort »Überbesorgtheit« bei sich selbst erkennen, tun gut daran, sich einmal die Frage zu stellen: »Was kann mein Kind alles ohne mich? Was habe ich ihm schon einmal erzählt – was brauche ich also nicht mehr zu wiederholen? Wovor habe ich es bereits gewarnt, so daß ich das nicht noch einmal zu tun brauche?« Denn oft ist es das: Überbesorgtheit ist oft das Wiederholen der immer gleichen Warnungen, bis zum Überdruß... Wenn Eltern damit aufhören, wird ihr Kind von einer allzu einengenden Liebe befreit.

Grenzen, die mit den Bedürfnissen der Eltern zusammenhängen

»Hier geht es ja zu wie in einer Disco! Patrick, dreh die scheußliche Musik gefälligst leiser!« Esther wirft von der Couch aus – sie versucht gerade, ein Buch zu lesen – einen irritierten Blick auf den dreizehnjährigen Patrick, der sich im Takt der Musik bewegt und offenbar völlig in ihr aufgeht.

»Wieso scheußlich!? Das hier ist zufälligerweise Michael Jackson – einfach super!« »Tut nichts zur Sache!« ruft Esther zurück. Fast muß sie schreien, um sich verständlich zu machen: »Tut nichts zur Sache, wir sind hier nicht in der Disco!« »Der Disco?« Patrick klingt ehrlich erstaunt. »Du bist wohl noch nie in 'ner Disco gewesen! Soll ich dir mal vormachen, wie es in 'ner richtigen Disco klingt?« Schon bewegt er die Hand zum Lautstärkeschieber, doch Esther versucht, ihm zuvorzukommen. »Nein, bitte nicht! Demnächst steht noch die Polizei vor der Tür, wegen Lärmbelästigung. Vielleicht werden wir auf die Straße gesetzt, weil sie glauben, das hier wäre eine Kneipe!« »Ach, immer das Gemeckere hier!« sagt Patrick und geht schmollend fort. Esther muß selbst den Plattenspieler abstellen.

Eltern sind Menschen mit eigenen Bedürfnissen. Genau wie Kinder haben auch sie ein Recht darauf, daß ihre Bedürfnisse berücksichtigt werden. In den schon erwähnten Gordon-Kursen ist das einer der ganz wichtigen Ausgangspunkte. Ich denke, aus gutem Grund. Weshalb nämlich sollten Eltern ihre wichtigen Bedürfnisse immer beiseite schieben und sich selbst hintanstellen oder für ihre Kinder aufopfern? Das führt lediglich zu unnötigen Irritationen und kann auf die Dauer die Eltern-Kind-Beziehung sogar untergraben. Außerdem schadet es nicht, Kinder schon von klein auf damit vertraut zu machen, daß sie ab und zu die Bedürfnisse anderer respektieren müssen. Kinder können das schon in sehr jungem Alter. Es gibt Beweise, daß sogar Säuglinge bereits imstande sind, die Stimmungen und Bedürfnisse ihrer Eltern zu berücksichtigen. Diese wichtige soziale Fähigkeit der Kinder wird von den Eltern womöglich im Keim erstickt, wenn sie ständig die eigenen Bedürfnisse aufgeben und dem Kind seinen Willen lassen. Das ist Verwöhnen im wörtlichsten Sinn: Auf diese Weise gewöhnt sich das Kind an falsche Gewohnheiten.

Esther hat offenbar das Bedürfnis nach etwas Ruhe, weil sie lesen oder lernen oder einfach nur ihren Gedanken nachhängen will. Von Patrick darf ruhig verlangt werden, daß er das berücksichtigt, auch wenn er zufällig das dringende Bedürfnis hat, sich im Takt seiner Lieblingsmusik zu bewegen. Zahlreiche Lösungen sind denkbar, die sowohl Esthers Bedürfnis nach Ruhe als auch Patricks Bedürfnis entgegenkommen. Doch damit man dahin gelangt, gemeinsam nach Lösungen zu suchen, gilt es zunächst Verständnis für die gegenseitigen Bedürfnisse aufzubringen. Dieses Verständnis entsteht ausschließlich dadurch, daß man einander zuhört, sowie durch Klarheit in der Kommunikation.

Esther ist außergewöhnlich unklar. Sie kommt mit Argumenten, die gar nichts mit ihrem Ruhebedürfnis zu tun haben. Patrick kann sie mit größter Leichtigkeit eins nach dem anderen zu Fall bringen, denn es sind ziemlich unsinnige Argumente.

Außerdem verbergen sich in Esthers Argumenten sehr viele überflüssige Urteile, die Patrick sofort in Abwehrstellung gehen lassen. Wenn Esther von einer »scheußlichen Musik« spricht, verurteilt sie Patricks Geschmack: »Du hat ja vielleicht einen schlechten Geschmack, wenn du so eine Musik spielst!« Und in »Hier geht es ja zu wie in einer Disco!« schwingt so etwas mit wie: »Also du machst hier ja vielleicht ein Chaos!« Zurückweisungen dieser Art können Kinder ganz buchstäblich einschnappen lassen, und bei Patrick ist das auch der Fall. Insgesamt erreicht Esther auf diese Weise wenig. Sie hat jetzt ihre Ruhe, aber auch ein böses Kind im Haus. Wahrscheinlich wird ihre Ruhe von kurzer Dauer sein.

Ich will...

Eine deutliche Art, dem Verhalten eines Kindes Grenzen zu setzen, wenn dieses mit den elterlichen Bedürfnissen kollidiert, ist das Formulieren der eigenen Bedürfnisse. Esther hätte ganz einfach sagen können: »Ich will lesen, danach ist mir jetzt. Und ich kann mich nicht auf mein Buch konzentrieren, wenn diese Musik so laut ist.«

Patrick hätte natürlich auch dagegen etwas einwenden können, etwa: »Na und? Ich will Michael Jackson hören. Zufällig ist mir jetzt danach.« In dem Moment ließe sich miteinander reden: Esther hat ihr Bedürfnis verdeutlicht, Patrick das seine. Auf den möglichen weiteren Verlauf des Gesprächs werden wir noch zurückkommen.

Zwischen Eltern und Kindern können sich zahlreiche Konflikte ergeben, die als Bedürfniskonflikte zu bezeichnen sind. Das elterliche Bedürfnis kollidiert mit dem des Kindes. So können Kinder das Bedürfnis haben, mit Freunden loszuziehen, während die Eltern das Bedürfnis haben, mit der ganzen Familie zur Großmutter zu fahren; Eltern können das Bedürfnis haben, eine bestimmte Fernsehsendung zu sehen, während das Kind etwas auf einem anderen Kanal sehen will; Eltern können das Bedürfnis haben, an einem freien Abend einige Stunden ganz für sich allein zu verbringen, während das Kind das Bedürfnis hat, dazuzugehören und bei der Gemütlichkeit mit von der Partie zu sein.

Gerade bei Kollisionen dieser Art wollen Kinder Klarheit. Eltern, die imstande sind, ihre eigenen Bedürfnisse deutlich in Worte zu fassen, und die ebenfalls imstande sind, auf die Bedürfnisse ihres Kindes zu hören, bringen damit Klarheit in die Beziehung. Sie sagen ihrem Kind damit – wenn auch nicht mit so vielen Worten –: »Ich bin wichtig, du bist das auch. Ich will gern Rücksicht auf dich nehmen, ich habe dich nämlich lieb. Aber jetzt habe ich ein anderes Bedürfnis als du, und ich erwarte von dir, daß du darauf Rücksicht nimmst. Wollen wir uns zusammen ansehen, wie wir das lösen können?« Klarer geht es nicht!

Kollisionen mit den Bedürfnissen anderer – Das Verhalten und die Bedürfnisse von Kindern können auch mit den Bedürfnissen anderer kollidieren: der Lehrkraft in der Schule, der Nachbarn, der Freunde oder Freundinnen des Kindes, der Gesellschaft insgesamt. Wenn ein Kind das dringende Bedürfnis hat, eine Aggression abzureagieren, und das dadurch tut, daß es mit aller Kraft gegen das Auto des Nachbarn tritt, riskiert es einen Konflikt mit ebendiesem Nachbarn. Wenn ein Kind das Bedürfnis hat, in den Augen seiner Altersgenossen Punkte zu sammeln, und dazu Steine in die Scheiben einer Telefonzelle wirft, gerät es in Konflikt mit »der Gesellschaft«. Diese hat ja lediglich das Bedürfnis, Dinge, die mit gemeinschaftlichem Geld bezahlt wurden, instand zu halten. Wie jeder beliebige Einzelne wirft auch die Gesellschaft insgesamt nicht gern Geld zum Fenster hinaus. In einem solchen Fall wird die Gesellschaft klare Grenzen setzen müssen. Klar und deutlich bedeutet dabei nicht unbedingt autoritär, auch nicht, wenn es um »die Gesellschaft«, um »die Allgemeinheit« geht, die für ihre Bedürfnisse und Belange aufkommt. Die Gesellschaft wird dafür sorgen müssen, daß den Jugendlichen klar zu verstehen gegeben wird, was die gesellschaftlichen Bedürfnisse sind, doch wird auch die Gesellschaft auf die Bedürfnisse der Jugendlichen hören müssen. Wenn nicht, kommen die beiden – die Gesellschaft und der Jugendliche – nie zu einem guten Einvernehmen. Und wenn der Jugendliche wirklich nicht offen ist für die Bedürfnisse

der Gesellschaft, der Allgemeinheit, und sein Verhalten
fortsetzt, wird die Gesellschaft tun, was Eltern auch tun
würden, wenn ihr Kind sich weigert, auf ihre Bedürfnisse Rücksicht zu nehmen: einen Punkt hinter die Diskus-
sion setzen!

Wenn Kinder und Jugendliche sich weigern, auf die
Bedürfnisse anderer Rücksicht zu nehmen, laufen sie damit Gefahr, daß andere auch von ihren Bedürfnissen keine Notiz mehr nehmen und sie ganz buchstäblich links
liegen lassen...

Grenzen, die mit Wertvorstellungen zusammenhängen

»Sanne, du mußt wirklich mehr essen! So ist es
nicht gut, du wirst viel zu mager!« sagt Thea kopf-
schüttelnd zu ihrer fünfzehnjährigen Tochter.

Sanne hat seit einigen Monaten nur mehr ein Ide-
al: schlank werden. Je schlanker, desto besser,
scheint sie zu argumentieren. Und sie ißt tatsächlich fast nichts: Mäusehäppchen. »Ach«, meint Sanne leichthin, »mir fehlt überhaupt nichts. Außerdem darf ich gar nicht daran denken, so dick zu
werden wie alle die Mädels in meiner Klasse!«
»Aber du bist überhaupt nicht dick, du bist im Gegenteil viel zu mager!« »Gut«, beharrt Sanne, »und
so soll es auch bleiben!« »Und wie du dich gegenwärtig anziehst!« fährt Thea mit besorgter Stimme
fort. »Du siehst so... ordinär aus mit deinen engen
Hosen. Daß sie in der Schule nichts dazu sagen, das
wundert mich!« »In der Schule?« Sanne schiebt das
einfach beiseite: »Andere in der Schule laufen mit
noch viel engeren Hosen herum. Ist ja auch völlig
normal! Aber was weißt du schon von Mode?!«

Thea fehlen buchstäblich die Worte. Klar ist, daß ihre
Vorstellungen über das, was gesund und wertvoll ist,

von den Vorstellungen ihrer Tochter abweichen. Thea findet es wichtig, »genug zu essen«, Sanne legt viel mehr Wert auf ihre Figur. Thea hat bestimmte Normen hinsichtlich Kleidung und Stil, ihre Tochter hält es mit anderen Normen.

Menschliche Vorstellungen in bezug auf Werte und Normen entstehen durch Beeinflussung. Oft übt die Kultur in der Gesellschaft dabei einen starken Einfluß aus. Vor fünfundzwanzig Jahren ging die weitaus größere Mehrheit der niederländischen Bevölkerung jede Woche getreulich zur Kirche. Man maß dem einen gewissen Wert zu und fand es ganz normal. Momentan geht nur mehr eine kleine Minderheit in unserem Land regelmäßig zur Kirche; die meisten Menschen legen darauf kaum mehr Wert.

Ein sehr starker Einfluß kann von einer Subkultur ausgehen, zum Beispiel einer Gruppe Jugendlicher, die viel miteinander umgehen. Will ein Jugendlicher gern zu einer solchen Gruppe gehören, wird er sich sehr ins Zeug legen und sich entsprechend den Normen dieser Gruppe verhalten. Es gibt Beispiele extremer Anpassung bei Jugendlichen, die nahezu alle von zu Hause überkommenen Werte über Bord warfen, um zu einer bestimmten Gruppe oder Subkultur gehören zu dürfen.

Einflüsse auf Werte und Normen können auch von bestimmten Ereignissen in einem Menschenleben herrühren. Wer zum Beispiel in den Niederlanden vor dem Zweiten Weltkrieg den Vorstellungen Hitlers noch irgendwelchen Wert zuerkannt hatte, war davon nach dem Krieg zweifelsohne nachhaltig kuriert.

Der Einfluß, den Eltern auf Werte und Normen ihrer Kinder ausüben können, zieht also gegenüber anderen Einflüssen und Normen häufig den kürzeren. Und doch bedeutet das nicht, daß Eltern keinen oder nur wenig Einfluß auf ihre Kinder ausüben könnten; im Gegenteil. Erziehung besteht ja gerade zu einem wichtigen Teil aus der Vermittlung von Werten und Normen an Kinder.

Nur... man kann niemanden, also auch Kinder nicht, zur Übernahme der eigenen Werte und Normen zwingen. Eltern können ihr Kind notfalls zwingen, jeden Sonntag mit ihnen zur Kirche zu gehen. Sie können ihr Kind aber nicht dazu zwingen, auch die gleiche Glaubensüberzeugung zu haben. Eltern können zwar versuchen, einen entsprechenden Einfluß auszuüben, doch eine Garantie, daß dieser Einfluß auch zu dem erwünschten Ergebnis führt, wird nicht mitgeliefert.

Ich finde es wichtig, daß...

Wie läßt sich Einfluß auf Kinder ausüben? Wie können Eltern versuchen, ihre Werte und Normen auf die Kinder zu übertragen? Da gibt es verschiedene Möglichkeiten. Eltern können selbst ein Beispiel geben: Eltern, die Wert auf Hygiene und ein gepflegtes Äußeres legen und wollen, daß ihre Kinder dies übernehmen, werden wahrscheinlich auch selbst die nötige Aufmerksamkeit auf diese Dinge verwenden. Bestimmt inspizieren sie regelmäßig die eigenen Fingernägel und den eigenen Hemdkragen, und zweifellos gehen sie sehr regelmäßig unter die Dusche. Tun sie das nicht, sondern laufen statt dessen selbst ungepflegt herum – während sie ihre Kinder davon zu überzeugen versuchen, wie wichtig es sei, rechtzeitig saubere Kleidung anzuziehen und frisch gewaschen durchs Leben zu gehen –, werden sie mit ihren Bemühungen innerhalb kürzester Zeit scheitern.

Sprechen ist eine weitere Möglichkeit, doch über Werte und Normen zu sprechen verlangt – neben Klarheit – auch die nötige Offenheit. Diese Offenheit aufzubringen fällt vielen Eltern schwer. Kinder fordern ihre Eltern häufig zu Offenheit und Ehrlichkeit in der »Verteidigung« ihrer Werte auf. Damit schaffen sie eine Gesprächsmöglichkeit, die – leider! – des öfteren ungenutzt bleibt.

Kleine Kinder stellen von Natur aus viele »Warum-

Fragen«: »Warum soll ich Milch trinken; warum muß ich ins Bett, obwohl ich nicht müde bin; warum muß ich bei Tisch sitzen bleiben, wenn ich mit dem Essen fertig bin; warum darf ich Großmutter nicht ›Oma‹ nennen; warum muß ich jeden Tag zur Schule?« Anstrengend, all diese Fragen! Insbesondere, weil wir als Erwachsene für so viele Fragen nicht sofort eine Antwort parat haben und weil wir auch nicht die Zeit haben (oder sie uns nehmen), nach einer entsprechenden Antwort zu suchen. Das merken Kinder: Sie fordern uns heraus, und wir begegnen dieser Herausforderung ausweichend. Also stellen sie allmählich immer weniger Fragen und gehen – ebenso allmählich – daran, sich ihre eigenen Gedanken zu bilden. Unsicher anfangs, zweifelnd. Zwar klingen sie mitunter vielleicht sehr entschieden und selbstsicher, doch fehlt ihnen noch so oft der nötige Halt. Die »Warum-Fragen« sind immer noch da, aber sie werden allmählich anders formuliert.

So können Pubertierende (wenn man sie zunächst hört) felsenfest ihre Meinungen vertreten, die mitunter den elterlichen Überzeugungen genau entgegenstehen. Manchmal zeigen sie ein Verhalten, das mit dem, was die Eltern wichtig und wertvoll finden, vollkommen kollidiert. Legen Eltern viel Wert auf die Vermeidung »unanständiger Wörter«? Schon allein das kann für einen Pubertierenden Anlaß sein, in jedem Satz mindestens einmal ein »verd...« verlauten zu lassen. Sind Eltern wirklich davon überzeugt, daß Sexualität ein bestimmtes Alter voraussetzt, dann kann eine Dreizehnjährige sich gerade aus diesem Grund sehr provokativ anziehen. Finden Eltern Hygiene wichtig oder Maßhalten bei Essen und Trinken? Oder hämmern sie auf Ehrlichkeit und Verläßlichkeit als hoch geschätzten persönlichen Eigenschaften herum? Mancher Pubertierende wird zu beweisen versuchen, daß es auch ohne geht!

Eigentlich liegt dann eine Wertekollision vor, ein Wertkonflikt. Was dann tatsächlich stattfindet, ist – wiederum

– eine Herausforderung. Kinder, besonders Pubertierende, können durch ihr Verhalten und ihre quasi unerschütterlichen Überzeugungen die Eltern dazu herausfordern, ehrlich in bezug auf die eigenen Überzeugungen, die eigenen Werte zu sein. Eigentlich fragen sie ihre Eltern: »Für was steht ihr denn nun ein? Was ist für euch im Leben wesentlich?« Diese Frage ist ebenso schwierig zu beantworten – oder noch schwieriger – als die Frage: »Warum darf ich nicht ›Oma‹ zur Großmutter sagen?«

Auch Eltern haben bisweilen die Neigung, ihren Kindern »Warum-Fragen« zu stellen: »Warum benutzt du bloß immer diese scheußlichen Worte? Warum ziehst du dich derart provokativ an? Warum gibst du dein ganzes Taschengeld an der Imbißbude aus? Warum liest du ausschließlich Comicgeschichten, wo es in der Bibliothek doch so viele *gute* Bücher gibt?«

Eigentlich sollten Eltern diese Fragen an sich selbst richten und versuchen, sie nicht allzu rasch mit einer flüchtigen Antwort abzutun. Das bedeutet, in sich selbst zu graben. Warum stört es mich, in fast jedem Satz ein »verd...« zu hören? Weil es hier um etwas geht, das einen Wert für mich bedeutet, und auch, weil ich es für eine billige Angewohnheit halte, wenn jemand dieses Wort als Füllwort verwendet. Warum finde ich es so schade, daß du ausschließlich Comicgeschichten liest? Weil ich Angst habe, daß du dich dadurch an allzu leichtes Lesefutter gewöhnst und künftig zurückschreckst, wenn du in Studium oder Beruf ein dickes Buch oder einen umfangreichen Artikel lesen mußt; und weil ich schon jetzt gerne sähe, wie du schöne, gute Bücher genießt, die deine Phantasie anregen; das finde ich wichtig: Durch die ganzen Fernsehfilme benutzen wir unsere Phantasie ja doch schon viel zu selten.

Zuhören und offen sein – Wertkonflikte zwischen Eltern und Kindern können manchmal ganz schön eskalieren. Heftige Zusammenstöße können sich daraus ergeben. Eltern ärgern sich oder machen sich große Sorgen um ihr Kind, und dem Kind steht die Litanei bis zum Hals: »Ihr immer mit eurem Gepredige!« Wertkonflikte lassen sich nicht immer lösen. Wenn es einem Jugendlichen wichtig ist, als Punk herumzulaufen (vielleicht will er gerne zu einer Punkgruppe gehören), und die Eltern das schrecklich finden und sich vielleicht sogar vor den Nachbarn dafür schämen, ist das nicht sogleich zu lösen.

Manchmal läßt sich mit Ach und Krach etwas regeln, zum Beispiel: »Wenn du bei deinen Freunden als Punk herumlaufen willst, dann zieh dich irgendwo anders um – aber nicht hier im Haus.« So etwas kann eine Zeitlang funktionieren, doch was bleibt, ist der Unterschied in Werten; der Gegensatz ist damit nicht aufgehoben. Die Versuchung, elterliche Macht einzusetzen, kann dabei manchmal sehr groß werden. Punkkleidung wegzuwerfen oder gar zu verbrennen ist eine Form von Machtausübung. Es gibt auch subtilere Formen der Macht bei Wertkonflikten.

So gibt es in den USA die »tough love«-Bewegung. »Tough love« bedeutet in etwa: harte Liebe der Eltern für ihre Kinder. Nimmt die Tochter Drogen und hilft es nicht, wenn Sie als Eltern sie davon zu überzeugen versuchen, daß sie damit ihrer Gesundheit schadet? Rufen Sie alle ihre Freunde zusammen und lassen Sie sie – alle gleichzeitig – auf Ihr Kind einreden. Was heißt reden: lassen Sie sie schreien!

Eine solche Form des Machteinsatzes, denn das ist es, wirkt wahrscheinlich eher entgegengesetzt. Kinder können dabei Traumata davontragen, seelische Wunden, die ihnen für den Rest ihres Lebens Probleme schaffen! Oder sie können dadurch dermaßen in Widerstand geraten, daß sie ihr Verhalten mit verdoppelter Energie fortsetzen. Macht als Erziehungsmittel funktioniert nicht.

Übrigens fragt sich, ob Eltern, wenn wirklich ein Wertekonflikt vorliegt, immer wieder versuchen sollten, diesen zu lösen. Gedanken, Überzeugungen, Werte ... jeder Mensch hat die Freiheit, sich im Leben seine eigenen Überzeugungen und Werte auszusuchen. Wenn ein Kind überblicken kann, was die Folgen seines Verhaltens sind und wozu seine Überzeugung oder seine Wertvorstellung führen kann, so hört damit eigentlich die erzieherische Arbeit der Eltern auf.

Das klingt hart, und es klingt vielleicht auch nach Aufgeben, und doch kann es in vielen Fällen ratsam sein, sich dafür zu entscheiden. Was im allgemeinen viel mehr Wirkung hat als der Einsatz von Machtmitteln, als Geschimpfe und Predigten, ist: offen sein. Öffnen Sie sich einmal den Werten und Überzeugungen ihres Kindes. Lassen Sie Ihr Kind einmal erzählen, was genau es denkt und empfindet und für wertvoll ansieht. Sprechen mit Kindern bedeutet nicht nur, die eigenen Werte zu erklären und wieder zu erklären. Das ist wichtig, natürlich. Kinder wollen Klarheit, besonders bei einer Wertekollision mit ihren Eltern wollen sie wissen, woran sie sind. Doch ein Mensch hat nicht umsonst zwei Ohren und nur einen Mund mitbekommen: Gerade bei einer Wertekollision ist Zuhören doppelt so wichtig wie Reden.

Kinder, die die Gelegenheit erhalten, zu erzählen, was sie denken und für wertvoll halten, ohne daß ihre Meinung sofort verurteilt wird (als »dumm«, »ungesund« oder »abnormal«), erhalten damit die Gelegenheit, auch einmal für sich zu überprüfen: Für was im Leben stehe ich denn ein? Manchmal ändert ein Kind dadurch seine Meinung, manchmal tun die Eltern das. Die Einwände von Kindern und Jugendlichen können nämlich sehr logisch und berechtigt sein.

Vielleicht behält aber auch jeder seine Meinung. Was dann bleibt, ist der Respekt voreinander; und der ist in jeder Familie von unschätzbarem Wert!

III. Grenzen setzen: Wählen Sie die Art, die zu Ihnen paßt

Einleitung

Wie verdeutlichen Sie einem Kind, daß Ihnen mit dieser Sprache und diesen Worten, die es offenbar in der Schule und auf der Straße lernt, wirklich nicht gedient ist? Wie zeigen Sie diesen beiden ewig miteinander streitenden Gören, daß sie deren Gezänk wirklich leid sind? Wie bekommen Sie ein Kind soweit, daß es den Stuhl auf seinen vier Beinen stehen läßt, statt immer auf den Hinterbeinen zu schaukeln? Was sollen Sie sagen, wenn Ihnen Geld fehlt und Sie fast sicher wissen, daß Ihr Kind es aus der Tasche genommen hat?

Es gibt unterschiedliche Arten, Grenzen zu setzen. Sie sind anwendbar in verschiedenen Situationen. Nicht nur die Situationen, in denen Grenzen gesetzt werden müssen, können verschiedenartig sein, sondern auch alle Kinder und alle Eltern sind jeweils anders. Die Kunst ist also, eine Art der Grenzziehung zu wählen, die zur Situation, zum Kind und zu Ihnen selbst paßt!

1. Ausgangspunkte bei der Grenzziehung

Der bereits erwähnte amerikanische Psychologe Thomas Gordon geht in seinen Büchern sowie in den Elternkursen von einigen wenigen, sehr grundlegenden Überzeugungen aus. Es sind Prinzipien, die sozusagen auch als

Meßlatte dienen können, um festzustellen, ob eine Art der Grenzziehung gut oder nicht gut ist. Gordons Thesen lauten unter anderem:

* *Eltern sind wichtig:* Eltern haben das Recht, für ihre eigenen Bedürfnisse, Werte und Überzeugungen einzutreten. Sie brauchen sich selbst nicht außer acht zu lassen oder für ihre Kinder aufzuopfern – wenn sie es für nötig halten, haben sie das vollste Recht, auf Respektierung ihrer Bedürfnisse zu bestehen;
* *Kinder sind wichtig:* Auch Kinder haben ihre Bedürfnisse, Werte und Überzeugungen, und sie haben ebenso das Recht, gehört und – wenn es eben geht – auch wirklich berücksichtigt zu werden;
* *die Beziehung zwischen Eltern und Kindern ist wichtig:* Eine gute Beziehung zwischen Eltern und Kindern ist in beider Interesse. Eltern fühlen sich wohler, wenn sie einen guten Kontakt mit ihrem Kind haben, und Kinder gedeihen besser und haben bessere Zukunftsaussichten, wenn die Beziehung mit ihren Eltern gut ist. Eine schlechte Beziehung schafft Probleme für beide, Kinder können sogar ein Leben lang damit Probleme haben.

Eigentlich lassen sich diese Ausgangspunkte oder Überzeugungen in einem Wort zusammenfassen: Respekt.
– Respekt gegenüber sich selbst. Eltern, die mit sich umspringen lassen oder den Kindern die Gelegenheit geben, auf ihnen herumzutrampeln, zeigen wenig Respekt gegenüber sich selbst.
– Respekt auch für das Kind: Wie klein und störend es auch manchmal sein mag, es ist ein Individuum, ein Mensch mit eigenen Gefühlen, Gedanken und Bedürfnissen, die es zu respektieren gilt.
– Und zuletzt: Respekt für das einzigartige Band, das Eltern und Kinder miteinander haben können und das so leicht durch unbedachte Äußerungen, Unverständ-

nis, unklare Kommunikation, Groll oder den Einsatz von Machtmitteln zerreißen kann.

2. Unklare Grenzen

Jede Art der Grenzziehung, die von einem so gearteten Respekt gekennzeichnet ist, ist eigentlich im Grundsatz gut. Fehlt jedoch irgendwie dieser Respekt – dann o weh! Dann kann das elterliche Auftreten zwar vorübergehend zu erwünschten Wirkungen führen, doch letztendlich gewinnt niemand etwas dabei. Wenn Eltern ohne Respekt Grenzen setzen, ist die Wahrscheinlichkeit groß, daß sie das Kind herabsetzen, demütigen oder rundheraus »anherrschen«. Das liegt alles schon sehr in der Nähe einer herzlos-strengen, autoritären Erziehung.

Mangel an Respekt ist eine Ursache, wodurch die Grenzziehung scheitern kann; an zweiter Stelle steht Mangel an Klarheit. Mangel an Klarheit entsteht namentlich dann, wenn Eltern nicht sagen, was sie meinen, oder nicht meinen, was sie sagen.

»Nein, Liebling, laß das, das finde ich nicht so schön«, hörte ich eine Mutter sagen, als ihr Kind ihr gegen das Schienbein trat – und das gar nicht so sanft!

»Nicht so schön?!« Wahrscheinlich war die Mutter wütend, so hart kam der Tritt vermutlich an! Wie kann dieses Kind die tatsächliche Wirkung seines Handelns kennenlernen, wenn schon seine Mutter diese derart verschleiert oder glättet?

Es gibt auch andere Beispiele elterlicher Äußerungen, die für Kinder nicht unbedingt klar sind:

»Du würdest mir einen großen Gefallen tun, wenn du doch zur Schule gingest. Vom Schuleschwänzen wirst du schließlich nicht gescheiter!«

»Ich würde es sehr schön finden, wenn du jetzt ins Bett gingest – es ist schon spät genug.«

»Würdet ihr bitte einen Moment aufhören, euch zu streiten?«

Mit solchen Aussagen bitten Eltern ihre Kinder eigentlich um einen Gefallen. Sie überlassen damit dem Kind die Verantwortung. Es kann selbst entscheiden, ob es mitmachen will oder nicht, ob es geneigt ist, den Eltern die erbetene Gunst zu erweisen... Das sieht demokratisch aus, aber sehr viele Kinder können so viel Verantwortung noch nicht bewältigen. Predigen, flehen, unsinnige Fragen stellen (»Warum tust du das bloß? Glaubst du, mir gefällt das?«) oder gar schimpfen (»Du wirst es nie lernen!«) sind Formen unklarer Kommunikation. Besonders wenn Grenzen gesetzt werden müssen, kommt es aber auf Klarheit an.

3. Klare Grenzen

Es gibt verschiedene Arten der Grenzziehung, in denen Respekt mitschwingt. Respekt, Zuneigung, Verständnis und Wärme. Arten, die obendrein auch noch klar und deutlich sind.

Nicht alle Arten sind für jede Situation geeignet. Wenn es um ein kleines »Vergehen« geht, muß nicht sofort der allerernsthafteste Ton angeschlagen werden. Nicht alle Arten eignen sich für alle Kinder. Es gibt Kinder mit einer sehr guten Auffassungsgabe, die quasi schon an einem halben Wort genug haben. Doch gibt es auch Kinder, die allergrößte Klarheit wollen, weil das Gesagte sie sonst wirklich nicht erreicht. Manche Kinder sind Grenzen gewohnt, sie akzeptieren sie leicht; andere haben es dagegen sehr schwer damit, sie geraten in Widerstand, wenn ihnen auch nur ein Strohbreit in den Weg gelegt wird.

Die unterschiedlichen Arten der Grenzziehung passen auch nicht sämtlich zu allen Eltern. Zum Beispiel gibt es Eltern, die von Hause aus recht akzeptanzfreudig sind und sich sehr ruhig mit ihrem Kind zusammensetzen können, um das ein oder andere einmal zu bereden, während andere Eltern sich in einer gleichartigen Situation schon zusammennehmen müssen, um dem Kind nicht etwas anzutun. Gefordert ist also eine Art Selbstuntersuchung: Welche Methode der Grenzziehung paßt zu mir, welche spricht mich an und welche nicht? Für Eltern, die gemeinsam ihre Kinder erziehen, empfiehlt es sich obendrein, sich die unterschiedlichen Möglichkeiten gemeinsam anzusehen. Nicht, daß es unbedingt nötig wäre, daß beide Elternteile immer den gleichen Stil haben und in genau derselben Weise genau dieselben Grenzen setzen. Dennoch ist es bestimmt notwendig zu wissen, welche Grenzen der andere handhabt und wie er diese Grenzen setzt.

A Nein sagen, wenn's sein muß
... für Eltern, die ihre Schuldgefühle meistern wollen

»Es tut mir so leid für ihn«, sagte eine Mutter, die an einer Elterngesprächsgruppe teilnahm. »Er muß schon so viel entbehren. Wir fahren nie in Urlaub, und seinen Vater bekommt er auch fast nie zu Gesicht, seit wir geschieden sind. Außerdem haben alle anderen auch solche Turnschuhe für hundertfünfzig Gulden! Nur, ich finde das zu teuer, ich kann das Geld nicht einfach so aus der Tasche zaubern. Bloß, wenn ich nein sage, heißt es aufgepaßt: Dann bekommt er wieder so einen Wutanfall – schrecklich! Ich darf überhaupt nicht daran denken!«

Kindern gegenüber nein zu sagen fällt Eltern ab und an schwer. Rundheraus und ohne Umschweife einem Kind etwas verweigern – fast scheint es, als könne, als dürfe es das nicht mehr geben. Was soll man sagen, wenn ein Kind mit den Worten reagiert: »Ich darf auch nie was! Dir macht es ja nichts aus, wenn ich mich zum Gespött mache mit den blöden Schuhen!« Hat so ein Kind dann nicht ein Stück weit recht? Und soll man dann die Beziehung mit dem Kind aufs Spiel setzen, bloß wegen einem Paar Turnschuhe? Wenn es außerdem auch noch einen Wutanfall bekommt – am liebsten mitten im Supermarkt oder Warenhaus –, dann kann man doch fast nicht anders als nachgeben!?

Kinder können in einem solchen Fall ihren Eltern zwei Bitten antragen: Bitten, die für Eltern akzeptabel sind und die sie ohne Gewissensbisse oder Mißbehagen bejahen können; und Bitten, die – gleich aus welchem Grund – für die Eltern unakzeptabel sind. Würden die Eltern in diesem letzten Fall dennoch »ja« sagen, hätte das für sie oder für das Kind unakzeptable Folgen. »Ja« sagen, wenn das Kind ein Paar Turnschuhe für hundertfünfzig Gulden verlangt, würde ein gehöriges Loch in die monatliche Haushaltskasse reißen. Und auch wenn das Geld vorhanden ist, kann die Forderung unakzeptabel sein: Vielleicht ist das Geld für etwas anderes bestimmt, oder vielleicht finden die Eltern es einfach unverantwortlich, soviel Geld für ein Paar Turnschuhe auszugeben. Dann haben sie das vollste Recht, »nein« zu sagen.

Unakzeptable Bitten von Kindern brauchen sich nicht immer auf Dinge zu beziehen, die Geld kosten. Wenn ein Kind, das sich gerade von einer tüchtigen Grippe erholt hat, fragt, ob es draußen spielen darf, obwohl es draußen kalt und feucht ist, so kann das unakzeptabel sein: Gleich wird es wieder krank, und dann dauert das Gesundwerden womöglich viel länger. »Nein« also.

Kinder, die von Zeit zu Zeit ein deutliches Nein zu hören bekommen, haben Kindern, denen nie etwas verweigert wird, viel voraus. Sie lernen bereits, was Enttäuschungen sind und wie sie diese verarbeiten können. Das ist an und für sich schon sehr wichtig, denn sie werden in ihrem Leben öfters damit zu tun bekommen. Außerdem erlangen diese Kinder Klarheit über die Beziehung mit ihren Eltern sowie über die Grenzen, die diese ziehen – und das fühlt sich ein ganzes Stück sicherer an als die Unklarheit des ewigwährenden Stattgebens. Kindern, die nötigenfalls ein deutliches Nein zu hören bekommen, mangelt es darum an nichts – sie bekommen im Gegenteil etwas, was im Leben viel mehr Wert hat als ein Paar Turnschuhe.

Und was ist mit den ewigen Wutanfällen? – Das klingt alles schön und gut, aber sehen Kinder das selbst auch so? Enttäuschungen zu verarbeiten ist etwas, das viele Kinder noch lernen müssen. Und wenn sie etwas sehr gern wollen und sich damit nicht durchsetzen, kann die Enttäuschung bisweilen so groß sein, daß ein Wutanfall die Folge ist.

Bei einem echten Wutanfall hat das Kind seine Emotionen nicht mehr unter Kontrolle. Die Emotionen gehen statt dessen mit dem Kind durch: Bei einem wirklichen Wutanfall können Kinder mit den Füßen aufstampfen, um sich treten und schlagen, sich auf dem Boden wälzen, Türen knallen, schreien und brüllen.

Furchtbar ist das manchmal, besonders wenn es »coram publico« passiert. Was nämlich soll man dann tun? Reden hat nicht den geringsten Sinn, man erreicht das Kind ja doch nicht – wieviel Beruhigungsmittel man auch in die eigene Stimme zu legen versucht. Aber was hilft sonst?

Im allgemeinen ist Ignorieren die beste Reaktion auf einen derartigen Wutanfall. Nichts sagen, nichts tun, keine Miene verziehen. Einfach aus dem Zimmer gehen oder – wenn es im Supermarkt passiert – ruhig weitergehen, als wenn nichts wäre. In den meisten Fällen ist der kleine Wüterich dann wieder recht bald Herr seiner Gefühle. Später muß natürlich kurz darauf eingegangen werden, mit Verständnis, wenn nötig mit Trost, aber in jedem Fall mit der deutlichen Warnung, daß so ein Wutanfall auch zur Liste unakzeptabler Verhaltensweisen gehört!

Ein Wutanfall läßt sich mitunter verhindern: Sprechen sie ruhig mit dem Kind, sagen Sie nicht sofort nein, sondern erklären Sie zuerst, daß Sie etwas erzählen werden, was vielleicht einen Wutanfall verursachen kann. Daß Sie aber etwas Schönes tun werden, wenn kein Wutanfall erfolgt (Vorlesen kann etwas Schönes sein, oder zusammen zum Spielplatz gehen, oder Waffeln backen). Bei manchen Kindern funktioniert das, besonders wenn in sehr ruhigem und überzeugendem Ton mit ihnen gesprochen wird.

Glattweg fatal ist es, wenn Sie vor einem Wutanfall in die Knie gehen und nachgeben, um Schlimmeres zu verhindern. In diesem Fall lernt das Kind, daß es mit Wutanfällen Erfolge buchen kann, und ganz bestimmt wird es öfter einen Wutanfall bekommen oder zu bekommen drohen ...

Spielregeln beim Neinsagen – Beim Neinsagen gelten nur zwei Spielregeln, und beide sind gleichermaßen wichtig. *An erster Stelle ist Neinsagen ohne Erklärung weshalb nicht genug.* Kinder müssen hören und verstehen, warum ihnen etwas abgeschlagen wird. Mit anderen Worten: Eltern müssen in Worte fassen, was für sie die Folge sein würde – für sie oder für das Kind –, wenn sie ja sagen:

»Nein, ich halte nichts davon, hundertfünfzig Gulden für ein Paar Turnschuhe auszugeben. Meiner Meinung nach ist das zuviel Geld für ein Paar Turnschuhe. Außerdem kommen noch ein paar Rechnungen, für die ich Geld brauche. Wenn ich dir jetzt das Geld gebe, komme ich dann in Schwierigkeiten. Das möchte ich nicht.«

Das verlangt mitunter die offene Darlegung der Dinge,

und zwar nicht nur, wenn es um Geld geht. Warum darf ein dreizehnjähriges Mädchen nicht am Samstagabend mit ihrem Freund in die Disco, obwohl ihre sechzehnjährige Schwester das darf? Manchmal muß man erst bei sich selbst herausfischen, was der wahre Grund ist: Was könnte passieren, wenn ich jetzt ja sagen würde? Wovor genau habe ich Angst, oder was will ich in keinem Fall zulassen?

Dieses »Herausfischen« lohnt die Mühe. Das Kind bekommt Klarheit vermittelt, wenn es weiß, was die Eltern bewegt und warum sie selbst nicht bekommen oder tun dürfen, was sie so gerne möchten.

Eine zweite Spielregel ist: gefaßt sein auf Widerstand. Keinem Kind in der Welt gefällt schließlich, wenn es eine Abfuhr bekommt. Eigentlich ist sehr verständlich, daß es dann enttäuscht ist und sich vielleicht sogar zurückgesetzt, ungerecht behandelt fühlt. Dieses Gefühl des Kindes sollten die Eltern respektieren, wobei gleichzeitig ihr Nein ein Nein bleibt. Sie können zuhören, sich in das Gefühl des Kindes hineinzuversetzen suchen und in sehr akzeptanzfreudigem Tonfall sagen:

»Es stinkt dir gewaltig, daß ich nein sage, stimmt's?« »Ja«, wird das Kind vielleicht antworten, »ich darf auch nie was!«

Treten Sie dann nicht in einen Streit mit dem Kind, erklären Sie ihm nicht des langen und breiten, was alles es wohl darf, wie gerechtfertigt das vielleicht auch wäre. Sagen Sie lieber – wieder in einem akzeptanzfreudigen Ton:

»Du hast das Gefühl, daß ich dir sehr oft etwas abschlage, meinst du das?«

»Ja«, könnte das Kind antworten, »unheimlich oft!«

»Hm, unheimlich oft sogar?! Trotzdem halte ich nichts davon, dir hundertfünfzig Gulden für ein Paar Turnschuhe zu geben, wirklich nicht.«

Auf diese Weise wird der Widerstand des Kindes nicht

im Keim erstickt; gezeigt werden Respekt und Akzeptanz für das, was im Kind vorgeht, und gleichzeitig wird an einer früheren Aussage festgehalten: »Nein«. Das ist klar und konsequent.

B Die Verhandlungsmethode
...für Eltern von Kindern, mit denen sich reden läßt

Es gibt Situationen, in denen das simple Ziehen einer Grenze, indem man nein sagt, etwas verbietet oder gebietet, nicht ausreicht. Das ist zum Beispiel der Fall, wenn Eltern und Kind in einen Bedürfniskonfikt verwickelt sind. Da prallen die elterlichen Bedürfnisse mit denen des Kindes zusammen.

Zwischen Eltern und Kindern können sich unterschiedlich geartete Konflikte ergeben. Ein Konflikt, welcher »Art« auch immer, ist natürlich nie schön, aber eine Katastrophe braucht er auch nicht zu sein. Ein Konflikt, der gut ausdiskutiert wird, kann der Beziehung mit dem Kind sehr zum Nutzen gereichen!

Eine Beziehung ohne Konflikte gibt es fast nie. Auch zwischen Eltern und Kindern ergeben sich in schöner Regelmäßigkeit Konflikte. Deshalb ist es von größter Wichtigkeit zu wissen, wie mit Konflikten umgegangen werden kann.

Bedürfniskonflikte sind ein Beispiel, doch zwischen Eltern und Kindern können sich auch Wertkonflikte ergeben. Zwischen diesen beiden besteht ein großer Unterschied.

Ein *Bedürfniskonflikt* liegt vor:
* wenn das Kind ein Verhalten zeigt, das für Eltern unakzeptabel ist;
* weil das Verhalten des Kindes zu Folgen führt, die für Eltern unakzeptabel sind (es geht dabei um spürbare Folgen: das Verhalten des Kindes »kostet« die

Eltern etwas, beispielsweise Geld oder Zeit oder Energie);
* und das wiederum ruft bei den Eltern Gefühle hervor wie starke Ablehnung, Wut, Ärger oder Besorgtheit;
* das Verhalten des Kindes entspringt jedoch einem starken Bedürfnis des Kindes.

Beispiele eines Bedürfniskonflikts:
– Das Kind kommt abends regelmäßig um sieben Uhr nach Hause, obwohl schon um sechs Uhr Essenszeit ist. Die Folge dessen (für die Eltern) ist, daß das sorgsam zubereitete Essen zerkocht ist. Das ist schade. Oder das Essen muß wieder aufgewärmt und danach noch einmal das Geschirr abgewaschen werden, was ein Zusätzliches an Zeit und Energie erfordert.

Aber... das Kind kommt so spät nach Hause, weil es das dringende Bedürfnis hat, mit ein paar Kindern zu spielen, denen die Eltern immer erlauben, noch zu später Stunde draußen zu sein; es möchte sehr gerne zu dieser Gruppe gehören.

– Das Kind hilft einmal nicht beim Abwasch, so daß die Eltern alles allein tun müssen. Das kostet zusätzlich Zeit und kann in bestimmten Fällen sehr störend sein (besonders, wenn man abends Verabredungen hat und rechtzeitig aus dem Haus muß).

Aber... das Kind hilft diesmal nicht, weil es einen Test für den nächsten Tag vorbereiten will und sehr gern eine gute Note bekommen möchte.

Ein Wertekonflikt liegt vor, wenn die elterlichen Werte mit denen des Kindes zusammenprallen:
* auch dann liegt ein kindliches Verhalten vor, das für Eltern unakzeptabel ist;
* doch dieses Verhalten hat für die Eltern keine spürbaren Folgen;
* allerdings ruft es bei den Eltern – bisweilen heftige! – Gefühle wie Ablehnung, Wut, Irritation, Besorgnis oder Enttäuschung hervor.

Beispiele eines Wertekonflikts:

– Das Kind verwendet Ausdrücke, die die Eltern ablehnen (die Lehrerin heißt »blöde Schlampe«, eine Fernsehsendung ist »Scheiße«, und der türkische Junge in der Klasse wird konsequent als »Kanacke« bezeichnet).

– Das Kind schlürft oder rülpst bei Tisch, die Eltern finden das entsetzlich.

– Das Kind trägt ausschließlich Jeanshosen, die Eltern sähen es so gern, wenn es auch einmal etwas von den »ordentlichen« Sachen anzöge, die im Schrank hängen.

– Das Kind spielt stundenlang am Computer, die Eltern finden es wichtig, daß es auch einmal draußen spielt.

Ein Wertekonflikt läßt sich nicht wirklich »lösen«. Sie können höchstens versuchen, durch Reden und Vorbildverhalten einen Einfluß auf das Kind auszuüben, so daß es – allmählich vielleicht – seine Werte ändert. Wir haben uns dazu schon einiges in Kapitel 2 angeschaut.

Ein Bedürfniskonflikt dagegen läßt sich lösen. Eine gute Art, dies zu tun, ist zum Beispiel die *Verhandlungsmethode*, wie sie von Thomas Gordon entwickelt wurde. Das Ziel dieser Verhandlungsmethode ist ganz simpel, eine Lösung zu finden, mit der beide, Eltern und Kind, zufrieden sein können.

Ria nimmt den Staubsauger aus dem Schrank, um kurz noch einmal Wohnzimmer und Flur zu saugen. Sie ist schon eine Stunde lang mit der Wohnung zugange, hat schon Staub gewischt, die Unordnung aufgeräumt, Küche und Badezimmer geputzt. Jetzt noch staubsaugen, dann ist sie fertig und kann sich noch ein Stündchen ruhig hinsetzen und erfrischen, ehe danach der Besuch kommt. Auf diesen Besuch freut sie sich.

Als Ria fast fertig ist mit dem Staubsaugen, kommt ihr zehnjähriger Sohn Erwin hereingestürmt. »Mama!« ruft er aufgeregt, »Mama, Sammy und Wilbert kommen gleich! Ich habe gesagt, daß das klargeht. Wir wollen alle Computerspiele spielen, die Sammy und Wilbert daheim nicht haben.«

»Was sagst du?« Ria ist erstaunt und verärgert zugleich. »Sammy und Wilbert kommen hierher spielen? Mit dem Computer? Und du hast gesagt, das ginge klar? Aber ... du weißt doch, daß gleich Besuch kommt! Ich habe keine Lust darauf, Erwin, wirklich nicht!«

»Los, komm schon, Mama!« bettelt Erwin mit quengelnder Stimme. »Sammy und Wilbert kommen fast nie zu jemandem mit nach Hause zum Spielen. Und ich habe es ihnen versprochen!«

Einen Augenblick lang hat Ria die Neigung zu sagen: »Also, das ist dein Problem. Sieh zu, wie du selber damit fertig wirst!« Zum Glück hält sie wohlweislich den Mund. Noch rechtzeitig wird ihr klar, daß sie so zwar ihren Willen durchsetzen kann, damit aber gleichzeitig Erwin seinen Freunden gegenüber bloßstellen würde.

Ria und ihr Sohn haben verschiedene Bedürfnisse, die deutlich miteinander kollidieren. Ria hat das Bedürfnis, die Wohnung, die sie soeben eigenhändig aufgeräumt und saubergemacht hat, in diesem Zustand zu belassen. Und wer garantiert, daß alles auf seinem Platz bleibt, wenn gleich so eine kleine Invasion von Computerfreaks hereingestürmt kommt? Sie hat auch das Bedürfnis, sich nachher ruhig mit ihrem Besuch zu unterhalten, und Computerspielchen würden der Ruhe bestimmt nicht förderlich sein.

Erwin hat andere Bedürfnisse. Er freut sich auf seine Freunde, er will gern einen guten Eindruck auf sie machen. Außerdem hat er versprochen, daß sie zu ihm zum Spielen nach Hause kommen dürfen. Erfüllt sich das nicht, könnte er damit womöglich bei ihnen »durchfallen«, und dazu hat Erwin nicht die geringste Lust!

Ein derartiger Bedürfniskonflikt läßt sich unterschiedlich lösen. Ria könnte Erwin den Mund verbieten, indem
sie rundheraus sagt: »Bist du völlig verrückt geworden?
Du weißt, daß wir Besuch bekommen. Der Computer
bleibt heute aus, und ich möchte keine Freunde von dir
im Haus haben. Und jetzt fort mit dir!« Auf diese Weise
wäre aus der Sache ein Streit geworden. Aus einem solchen Streit gehen immer ein Sieger und ein Verlierer hervor. Falls Ria den Streit gewonnen hätte, würde sie sich
ganz bestimmt trotzdem nicht völlig wohl fühlen, wenn
sie sich nachher in Ruhe mit ihrem Besuch unterhielte . . .

Auch Erwin hätte den Streit gewinnen können. Er hätte derart quengeln und greinen können, daß seine Mutter zuletzt in die Knie gegangen wäre und gesagt hätte:
»Gut, wenn es sein muß, laß sie herkommen. Dann setze
ich mich nachher mit dem Besuch in die Küche. Hast du
jetzt, was du wolltest, du?!« Sicher ist, daß dann die Luft
im Haus auch nicht wirklich aufgeklart wäre. Wenn ein
Bedürfniskonflikt zu einem Streit führt, einem Machtkampf, kann dabei zwar ein Sieger herauskommen –
Kind oder Elternteil –, doch die Beziehung zwischen den
beiden ist der größte Verlierer!

In einer solchen Situation kann die Verhandlungsmethode ein Ausweg sein. Diese Methode erfordert allerdings, daß Eltern und Kind miteinander sprechen, und
besonders, daß sie einander zuhören können. Daß sie,
mit anderen Worten, ein wenig Respekt voreinander und
den jeweiligen Bedürfnissen aufbringen können. Das ist
nicht immer der Fall.

Manchmal empfinden Eltern bereits soviel Groll gegenüber ihrem Kind, daß »normales Reden« nicht möglich ist – jedenfalls nicht im Augenblick. Dann muß erst
Luft geschafft werden: Zuerst müssen die negativen Gefühle irgendwie geäußert werden können, ehe ein normales Gespräch wieder möglich ist.

Manchmal fühlen Kinder sich derart benachteiligt und
zurückgesetzt, daß wirklich nicht mehr mit ihnen zu re-

den ist. Dann wird ihnen erst jemand zuhören müssen, ehe anschließend ein normales Gespräch möglich ist. Manchmal gelingt es aus einem anderen Grund nicht, mit einem Kind vernünftig zu verhandeln. Ein Kind kann zum Beispiel so voller Mißtrauen gegenüber anderen sein, daß es einfach »unerreichbar« ist. Es schließt sich ab. Ein Verhandlungsversuch hat in einer solchen Situation wenig Sinn. Das wäre, als schösse man mit Papierpfeilen gegen einen Betonklotz: Man kommt nicht durch, alles prallt ab. In diesem Fall ist es ratsam, eine andere Methode zu suchen.

Es gibt auch Kinder, die es nicht gewohnt sind, daß man offen mit ihnen spricht und ihnen auch zuhört. Wenn Eltern »auf einmal« die Verhandlungsmethode anwenden, können diese Kinder – wenigstens vorübergehend – dadurch sehr verunsichert sein. Dann heißt es durchhalten: Auch ans Verhandeln muß ein Kind sich gewöhnen.

4. Die sechs Schritte in der Verhandlungsmethode

In der Verhandlungsmethode, wie Thomas Gordon sie entwickelt hat, werden sechs Schritte getan. Wir gehen diese Schritte anhand des Beispiels von Ria und Erwin kurz durch.

Schritt 1: Die Art des Konflikts wird festgestellt

Natürlich müssen zuerst die heftigsten Emotionen rund um einen Konflikt einigermaßen besänftigt sein, ehe wirklich miteinander gesprochen werden kann. Ria muß sich erst von ihrem Schreck über die mögliche Invasion

der Computerfreunde erholen, Erwin von dem Schrek-
ken, daß er seinen Freunden etwas versprochen hat,
das eigentlich überhaupt nicht geht...

Ist das geschehen – und das ist meistens sehr schnell
der Fall –, dann kann miteinander gesprochen werden.
Der Elternteil, in diesem Fall Ria, wird dazu die Initiati-
ve ergreifen müssen. Sie wird das Gespräch sehr deutlich ankündigen müssen – um zu verhindern, daß Erwin ihm ausweicht oder in einer Art Kampfeshaltung
verharrt – und sie wird auch deutlich ihre eigenen Bedürfnisse in Worte fassen müssen.

Ria könnte das Gespräch so eröffnen: »Erwin,
darüber will ich kurz mit dir reden. Komm, wir
setzen uns jetzt zusammen – in Ordnung? Es
stört mich, daß du deinen Freunden gesagt hast,
sie dürften zum Spielen hierherkommen, obwohl
du wußtest, daß wir Besuch bekommen. Ich freue
mich sehr auf den Besuch und möchte mich wirklich ruhig und ungestört mit ihm unterhalten können. Und ich möchte auch, daß die Wohnung
aufgeräumt bleibt. Ich habe wirklich Angst, daß
daraus nicht viel wird, wenn du mit deinen
Freunden hier im Wohnzimmer mit dem Computer herumspielst.«

Ria hat damit ihre Bedürfnisse deutlich gemacht. Da ist
jedes Mißverständnis ausgeschlossen. Die Möglichkeit
besteht natürlich, daß Erwin erschreckt sagt: »Uff, Mama, tut mir leid! Daran habe ich überhaupt nicht gedacht. Wie dumm von mir! Gut, dann lade ich sie ein
andermal ein.«

Damit wäre der Konflikt aus der Welt geschafft.

Aber so geht es natürlich längst nicht immer. Die
Wahrscheinlichkeit ist viel größer, daß Erwin sich wi-
dersetzt. Kinder können ihre Bedürfnisse noch nicht so
klar in Worte kleiden wie die meisten Erwachsenen

(obwohl es mir auch regelmäßig auffällt, daß viele Kinder, auch kleine, das immer besser lernen!). Kinder zeigen irgendwie, daß ihnen etwas auf der Seele liegt. Manchmal ist es ihnen lediglich an der Körperhaltung, der Stimme oder dem Augenaufschlag anzumerken. Eltern müßten auch dann sehr gut zuhören – gewissermaßen mit Augen und Ohren zuhören –, um dahinterzukommen, was in ihrem Kind vor sich geht.

Erwin könnte eine niedergedrückte Miene machen und sagen: »Du kannst mich mal! Hier darf man auch nie etwas. Du und dein blöder Besuch! Bei Sammy und Wilbert gibt es nie Besuch, da darf man immer zum Spielen kommen.«

Wenn Ria gut zugehört hat, hat sie gehört, wie nachdrücklich Erwin die Worte »nie« und »immer« gesagt hat. Offenbar liegt für ihn darin etwas Wichtiges.

Ria könnte antworten: »Du meinst, du findest es ungerecht – du darfst immer zu Sammy und Wilbert zum Spielen gehen, aber sie sind noch nie hier gewesen?«

»Ja!« wird Erwin vermutlich sagen (und wenn Ria wieder gut hinhört, hört sie in diesem »Ja!« gleichzeitig einen Seufzer der Erleichterung. Kinder fühlen sich, wenn ihnen etwas auf der Seele liegt, immer erleichtert, wenn jemand versucht, sie wirklich zu verstehen!).

»Sammy und Wilbert sind meine besten Freunde, und jetzt wollen sie einmal hierher zum Spielen kommen, und jetzt dürfen sie nicht!«

»Es würde dir sehr gefallen, wenn sie einmal hierher zum Spielen kämen, und du bist enttäuscht, weil es jetzt nicht geht?«

»Ja! Sammy und Wilbert spielen wirklich nicht mit jedem. Sie haben selber ganz tolle Computerspiele. Die warten wirklich nicht darauf, daß andere Zeit haben!«

»Also, wenn ich es recht verstehe ... du bist eigentlich sehr stolz darauf, daß sie dich ausgesucht haben und sich einmal deine Computerspiele ansehen wollen. Ist es das?«

»Und meinen Computer!«

»Du willst ihnen nicht bloß die Computerspiele zeigen, sondern auch deinen Computer?«

»Ja. Das habe ich ihnen versprochen.«

»Du hast es ihnen versprochen, und es wäre dumm für sie, wenn es jetzt nicht geht. Und das möchtest du gern verhindern.«

»Ja, natürlich!«

»Erwin, wie finden wir da bloß heraus: Du willst gleich Sammy und Wilbert deinen Computer und deine Computerspiele zeigen, aber ich will mich nachher ruhig mit meinem Besuch unterhalten...«

In der Verhandlungsmethode ist der erste Schritt eigentlich der allerwichtigste. Wenn dieser Schritt überschlagen wird – und diese Neigung besteht mitunter; uns widerstreben Konflikte durchweg derart, daß wir sie am liebsten möglichst schnell aus der Welt schaffen würden –, werden Lösungen gesucht, ohne daß genau deutlich ist, wofür. Das kann zu gewaltigen Sprachverwirrungen führen und also unnötige Unklarheiten verursachen.

Schritt 2: Allerlei Lösungen werden erdacht

»Wie finden wir da bloß heraus«, könnte Ria fragen, »weißt du vielleicht eine Lösung?«

Kinder können sehr gut mit über die Lösung eines Konflikts nachdenken, an dem sie selbst beteiligt sind. Jedenfalls, sobald sie sprechen und einem Gespräch folgen können. Mit einem zweijährigen Kind wird das noch nicht so gut gehen, aber Vier- bis Fünfjährige können – mit einiger Hilfe – schon recht ordentlich mitdenken. Und größere Kinder ganz bestimmt. Die haben meistens schon ein paar Ideen. Doch besteht die Möglichkeit, daß Kinder auf Lösungen kommen, die undurchführbar sind oder ihrerseits neue Probleme herbeiführen könnten.

> »Also«, könnte Erwin sagen, »dann lasse ich Wilbert und Sammy einfach kommen, und dann sage ich, daß wir keinen Krach machen dürfen.«

Die Kunst ist dann, eine solche Lösung nicht sofort mit der Bemerkung vom Tisch zu fegen: »Also hör mal! Du weißt genauso gut wie ich, daß diese Computerspiele alle Krach machen. Da ist es Unsinn, dann zu deinen Freunden zu sagen: ›Komm, wir spielen schön bei mir auf dem Computer, aber leise!‹« Wenn das geschieht, wird das Kind nicht so bald mehr geneigt sein, nach weiteren, besseren Lösungen zu suchen. Eine solche Reaktion wird es wahrscheinlich eher in eine andere Haltung drängen: »Na also, was ich sage, taugt nichts. Was soll das Ganze!« Viel besser wäre es, folgendermaßen zu reagieren:

> »Das könnte eine Möglichkeit sein. Weißt du noch mehr Lösungen? Warte, ich hole ein Blatt Papier – dann schreibe ich erst alle Lösungen auf, die uns einfallen. Und dann schauen wir uns eine nach der anderen an. In Ordnung?«

Eltern können natürlich auch selbst Lösungen vorschlagen, doch ist es vernünftig, zuerst dem Kind die Gelegenheit zu geben, seine Vorstellungen zu äußern. Auf diese Weise könnten Erwin und Ria vielleicht gemeinsam zu einer ganzen Liste von (durchführbaren und undurchführbaren, sinnigen und unsinnigen) Ideen gelangen:

- den Besuch absagen;
- Wilbert und Sammy sagen, sie sollen ein andermal kommen;
- wenn der Besuch kommt, eine Schallplatte auflegen, damit der Besuch nicht nur die Computergeräusche hört;
- Wilbert und Sammy bitten, jetzt gleich zu kommen, und mit ihnen fortgehen, sobald der Besuch da ist;
- mit ein paar Computerspielen zu Sammy und Wilbert gehen und sie bitten, sich die übrigen ein andermal hier anzusehen;
- den Computer mit allem Drum und Dran in Erwins Schlafzimmer stellen.

Bestimmt ließen sich noch mehr Lösungen ausdenken! Das verlangt nicht einmal eine derart große Anstrengung, denn sich gemeinsam Lösungen auszudenken kann sehr schön sein! Zumindest... solange die bekannten Urteile und Beurteilungen hintanbleiben, die wir so leicht in den Mund nehmen (»Also hör mal!«). Dazu ist später noch Zeit genug.

Schritt 3: Die Lösungen werden eine nach der anderen angeschaut

»Weißt du wirklich keine weiteren Lösungen mehr? Ehrlich gesagt, ich auch nicht. Wollen wir sie uns denn jetzt einmal ansehen? Was hältst du von der ersten?«

Wenn Kinder bei der Lösung eines Konflikts ernsthaft mitgedacht haben und dabei ernst genommen wurden (indem man ihnen gut zugehört hat und indem alle von ihnen eingebrachten Lösungen »aufgegriffen« und mitgeschrieben wurden), werden sie auch bereit sein, ernsthaft über die Umsetzbarkeit dieser ganzen Lösungen nachzudenken. Es kommt regelmäßig vor, daß Kinder selbst ihre eigenen Ideen kritisieren.

> »Den Besuch abzusagen ist ja auch blöd. Du findest es ja schön, daß sie kommen, das hast du vorhin noch selbst gesagt. Und du hast die ganze Wohnung dafür geputzt, nicht, Mama?«

So können die Lösungen eine nach der anderen angeschaut werden. Wichtig ist dabei, daß die Eltern selbst offen und ehrlich sind. Wenn ihnen eine Lösung nicht paßt (auch wenn diese zufällig vom Kind stammt), können sie das ruhig sagen. Aber wenn ein Kind eine Lösung nicht akzeptiert, muß das natürlich auch genauso ernsthaft berücksichtigt werden. Schließlich geht es darum, sich etwas auszudenken, das für beide akzeptabel ist.

> »Zu Wilbert und Sammy sagen, sie dürften ein andermal kommen, scheint mit eine gute Lösung zu sein«, könnte Ria vielleicht einbringen.
> »Ja aber... dann stehe ich schön blamiert da«, würde Erwin vermutlich sagen.
> Ria: »Richtig, du hast es ihnen ja versprochen. Was hältst du dann von der anderen Idee: Laß sie jetzt sofort kommen, erkläre, daß nachher Besuch kommt und daß sie an einem anderen Tag zurückkommen und notfalls einen ganzen Nachmittag lang alle Spiele ausprobieren können.«
> »Ja«, könnte Erwin sagen, »dann haben sie schon mal gesehen, was ich habe, und wenn es ihnen gefällt, kommen sie auch wieder.«
> Ria: »Ich finde die Idee jedenfalls besser, als eine Schallplatte aufzulegen, während ihr mit dem Computer zugange seid. Dann würden lauter Geräusche durcheinanderklingen. Und die ganze Apparatur in

dein Zimmer zu schleppen – dazu habe ich auch nicht soviel Lust.«

Schritt 4: Eine Lösung wird ausgewählt

Wenn Ria und Erwin sich alle von ihnen ausgedachten Lösungen angeschaut haben, bleiben vielleicht einige übrig, die durchführbar sind und zudem beide ansprechen. In den meisten Fällen gibt es jedoch nur eine, die von beiden bevorzugt wird. Trotzdem liegt die Kunst darin, diesen Entschluß wirklich gemeinsam zu fassen.

Ria: »Also, sollen wir das tun? Sammy und Wilbert jetzt bitten, schon einmal vorbeizuschauen, und ihnen erklären, daß nachher Besuch kommt, daß sie aber ein andermal zurückkommen dürfen?«
  Erwin: »In Ordnung.«

Dieses »in Ordnung« ist wesentlich. Es klingt in jedem Fall sehr viel überzeugender, als wenn ein Kind sagen würde: »Gut, meinetwegen«, um danach seufzend aufzustehen ... In einem solchen Fall wäre zweifelhaft, ob das Kind wirklich seinen Frieden mit der Lösung gemacht hat. Ein aufgewecktes »in Ordnung« gibt an, daß das Kind wirklich einverstanden ist.

Schritt 5: Die Lösung wird ausgeführt

In dem Beispiel mit Ria und Erwin ist Eile geboten. Wenn Erwin seine Freunde jetzt sofort holen geht, haben sie zumindest noch etwas Zeit, ehe der Besuch kommt. Also muß Erwin sich beeilen.
  Manchmal muß man Kindern bei der Durchführung einer Lösung helfen, auch wenn sie selbst mit nachgedacht und entschieden haben. Sie überblicken nicht im-

mer sofort die Folgen ihres Verhaltens. Wenn Erwin noch ein wenig herumtrödelt oder zuerst seine Computerspiele inspiziert, bleibt nachher überhaupt keine Zeit mehr, seinen Freunden alles zu zeigen.

Auch Eltern können Konsequenzen einer gewählten Lösung übersehen, besonders, wenn es um recht komplizierte Lösungen für komplizierte Konflikte geht. So habe ich einmal erlebt, daß eine Mutter wegen der Essenszeit einen Konflikt mit ihrem sechzehnjährigen Sohn hatte. Die Mutter arbeitete ein paar Abende in der Woche. An diesen Abenden wollte sie unbedingt um sechs Uhr essen, weil sie sonst in Zeitnot geriet. Ihr Sohn wollte gerade an diesen Abenden etwas länger Fußball spielen. Er war Mitglied in einem Fußballclub, der an festgesetzten Abenden trainierte. Mutter und Sohn kamen durch den Einsatz der Verhandlungsmethode zu folgender Lösung: Ein Mikrowellengerät sollte angeschafft werden, die Mutter würde das Essen für ihren Sohn bereitstellen, so daß er nur noch das Mikrowellengerät einzuschalten brauchte. Bei einer solchen Lösung ist wichtig, daß man gemeinsam genau überprüft, wie ein solches Gerät funktioniert, welche Risiken es eventuell gibt, was schiefgehen könnte.

Bei Ria und Erwin spielte das keine Rolle. Das einzige, was Ria der Entscheidungsfindung hinzuzufügen braucht, ist: »Also los, und jetzt lauf!«

Schritt 6: Gemeinsam überprüfen, ob die Lösung funktioniert hat

Auch wenn Sie sich gemeinsam für eine Lösung entscheiden, steckt in dem Ganzen doch ein Zufallselement. Etwas kann fehlschlagen, es kann ganz anders funktionieren, als Kind oder Elternteil erwartet hatten.

Erwin könnte es passieren, daß Sammy und Wilbert gar nicht begeistert sind, sich alles nur rasch ansehen zu

dürfen und dann wieder fortzumüssen. Und Ria könnte
merken, daß Erwin seinen Freunden nicht klargemacht
hat, daß sie wirklich nicht den ganzen Nachmittag bleiben können.

Das könnte zu neuen Irritationen führen. Um dem vor-
zubeugen, empfiehlt sich ein nachträglicher, vielleicht
nur kurzer Rückblick. Wenn der Besuch fort ist, könnte
Ria Erwin fragen:

> »Und? Warst du zufrieden mit dem, was wir uns
> ausgedacht haben? Ist es gut gegangen heute nach-
> mittag?«

Wenn alles anders gekommen ist, als das Kind hat vorhersehen können, kann es das jedenfalls jetzt erzählen.
Kinder werden aus sich selbst heraus nicht so rasch dahin finden, auch nicht, wenn sie eine selbst gefällte Entscheidung eigentlich bedauern. Vielen Kindern wird es
doch ganz schön schwer fallen, davon anzufangen. Vielleicht haben sie Angst vor der elterlichen Reaktion, vielleicht schrecken sie davor zurück, »wieder soviel zu reden...«. Darum ist es besser, ihnen eine Tür zu öffnen
und selbst nachzufragen.

Vielleicht wird Erwin antworten:

> »Also, sie haben gefragt, ob ich immer auf die Stra-
> ße geschickt werde, wenn Besuch kommt. Sie fin-
> den mich jetzt natürlich total bescheuert.«

Die Kunst ist dann, nicht noch zusätzlich Salz in die
Wunden zu reiben, indem man zum Beispiel sagt: »Das
hättest du ihnen dann deutlicher erklären müssen. Es ist
deine eigene Schuld!« Statt dessen sollten Sie auch hier
wieder zuhören. Sonst ist die Wahrscheinlichkeit groß,
daß Ihr Kind von Ihrer Verhandlungsmethode einen Ka-
ter übrigbehält.

Die großen Vorteile der Verhandlungsmethode – Die Kinder von heute machen oft einen frühreifen Eindruck. Damit geben sie viel Anlaß, sie schon sehr früh ernst zu nehmen. Eltern, die mit ihren Kindern verhandeln, wenn es einen Konflikt gibt, und die mit ihren Kindern Schritt für Schritt eine Lösung zu finden trachten, die für beide akzeptabel ist, nehmen jedenfalls das Kind ernst. Sie berücksichtigen ernsthaft die Bedürfnisse des Kindes und gehen stillschweigend davon aus, daß ihr Kind auch Rücksicht auf sie nimmt. In dieser Hinsicht überragt die Verhandlungsmethode alle sonstigen denkbaren Methoden um Haupteslänge! Kinder, die von ihren Eltern schon in jungen Jahren ernst genommen werden, entwickeln ein positiveres Selbstbild: Sie erleben sich nicht als unwichtig und unbeholfen; sie wissen, daß sie mitzählen.

Außerdem lernen Kinder auf diese Weise von klein auf zu verhandeln, für sich selbst einzustehen und Rücksicht auf andere zu nehmen. Sie lernen kreativ mitzudenken, und sie entdecken, daß sie Kompromisse eingehen und mit Kompromissen zufrieden sein können. Sie setzen vielleicht nicht hundertprozentig ihren Willen durch, aber das macht nichts: Was dabei an Verabredungen und Lösungen herausschaut, ist auch für sie akzeptabel.

Diese Kinder werden somit auch zunehmend weniger mit ihren Eltern in Streit geraten, um ihren Willen durchzusetzen; sie wissen, daß es auch anders geht. Denn das steckt oft dahinter, wenn Kinder sich mit ihren Eltern anlegen: Sie sind sich nicht sicher, ob ihre Belange und Bedürfnisse auch wirklich berücksichtigt werden!

Die Verhandlungsmethode hat auch für die Eltern große Vorteile. Auch sie müssen nicht mit ihren Kindern in Streit geraten und brauchen doch auch sich selbst nicht außer acht zu lassen. Sie treten sehr effizient für ihre eigenen Bedürfnisse ein und bekommen außerdem einen viel besseren, wärmeren Kontakt mit ihren Kindern.

Die Vorteile der Verhandlungsmethode sind also nicht zu unterschätzen!

Die schwierigen Seiten der Verhandlungsmethode – Die Verhandlungsmethode ist sehr logisch aufgebaut und kann ausgezeichnet funktionieren. Aber bisweilen verlangt es Eltern sowie Kindern viel ab, derart miteinander zu sprechen. Besonders von den Eltern wird einiges erwartet:

– Sie müssen ihre Emotionen gut beherrschen, denn Verhandeln ist unmöglich, wenn einem dabei der Ärger die Kehle zuschnürt;

– sie müssen auch ziemlich akzeptanzfreudig eingestellt sein; wenn ihr Kind während des Gesprächs in Widerstand verfällt, werden sie das respektieren müssen, obwohl gerade dann die Versuchung sehr groß ist, zu sagen: »Jetzt reicht's aber! Ich gebe mir die größte Mühe mit dir, und was bekomme ich dafür: nichts als Gequengel und Gegreine! Mit dir kann man nicht verhandeln!«;

– sie müssen auch soviel Vertrauen in ihr Kind und in sich selbst haben, daß sie in Stimme und Haltung mitschwingen lassen können: »Wir finden schon irgendwie gemeinsam einen Ausweg, davon bin ich überzeugt. Laß es uns doch einmal versuchen.«

Von Kindern wird aber auch einiges erwartet:

– Kinder müssen wenigstens einigermaßen in Worte fassen können, was ihre Wünsche wären; sie müssen mitdenken können. Dabei wird ihnen zwar von den Eltern geholfen, doch letztendlich müssen sie die eigenen Vorstellungen und Bedürfnisse erkennbar machen können – und das ist für viele Kinder noch um ein Haar zu schwer;

– sie müssen auch ein gewisses Vertrauen in ihre Eltern setzen und für deren Vorstellungen offen sein; oft ist

gerade der Mangel an einem solchen Vertrauen der Stolperstein in der Verhandlungsmethode: Wenn das Verhältnis zwischen Eltern und Kind so »krank« ist, daß sie einander nicht wirklich vertrauen, hat Verhandeln überhaupt keinen Sinn;
– Kinder müssen auch, zumindest ein wenig, Selbstvertrauen haben, sonst ist mit ihnen nicht zu reden: Dann werden sie schon sehr bald die Neigung haben, einen Streit aus der Sache zu machen oder sich abzuschirmen.

Bei der Verhandlungsmethode ist der Erfolg also nicht immer garantiert, wie sorgfältig Eltern auch versuchen, einen Schritt nach dem andern durchzunehmen. Eigentlich wird die Verhandlungsmethode damit auch zu einem Gradmesser: Wird sie richtig angewendet (das selbst zu beurteilen ist schwer) und funktioniert trotzdem nicht, ist vielleicht etwas nicht in Ordnung. Beim Kind oder Elternteil oder in der Beziehung zwischen den beiden.

Natürlich braucht man nicht gleich professionelle Helfer um Rat anzugehen, wenn es mit dem Verhandeln einmal schiefgeht. Doch wenn es oft geschieht und wenn es noch weitere Signale gibt, daß »etwas« nicht wirklich gut läuft, kann das durchaus ein Grund sein, einmal mit Dritten zu reden: einer guten Freundin oder einem Freund, einem Verwandten, dem Hausarzt, dem Arzt der Beratungsstelle oder einer Lehrkraft. Vielleicht ist es möglich, mit dieser dritten Person herauszufinden, was genau nicht in Ordnung ist...

C Strafen – Belohnen – Ignorieren
... für Eltern, die genau wissen, was sie wollen

Kindliches Verhalten läßt sich systematisch beeinflussen. Kinder erlernen nämlich vielerlei Verhaltensweisen, akzeptable und unakzeptable. Dieser Lernprozeß kann »gesteuert« werden, aber dazu muß man etwas von diesem Lernprozeß wissen.

Kindliches Verhalten kann als eine Reaktion auf einen anderen Reiz gesehen werden. Das Entdecken des Süßigkeitenregals im Supermarkt mag einen solchen Reiz darstellen. Das darauffolgende Verhalten: Betteln um eine Süßigkeit.

Zwischen dem Reiz und der darauffolgenden Reaktion besteht sozusagen eine Verbindung, die von den Eltern abgeschwächt oder verstärkt werden kann. »Verstärken« bedeutet, daß die Wahrscheinlichkeit zunimmt, daß auf den gleichen Reiz immer die gleiche Reaktion folgt; »abschwächen« beinhaltet das Umgekehrte. Eltern haben es also eigentlich selbst in der Hand, ob ihr Kind bei dem Süßigkeitenregal immer um eine Süßigkeit bettelt oder nicht.

Das Zauberwort dabei heißt Aufmerksamkeit. Eltern können auf dreierlei Weise ihre Aufmerksamkeit einsetzen, und das kann sehr verschiedene Wirkungen ergeben:

* **Strafen** – Das Bestrafen unerwünschten, unakzeptablen Verhaltens ist eine negative Weise, Aufmerksamkeit zu schenken. Viele Eltern gehen davon aus, daß Kinder die Strafe, die sie nach ihrer »Tat« bekommen, derart störend finden, daß sie dieses Verhalten künftig wohl unterlassen werden. Strafe hat jedoch längst nicht immer dieses erwünschte Ergebnis, und selbst wenn sie das vielleicht hat, ist die Wahrscheinlichkeit groß, daß andere, unbeabsichtigte und unerwünschte Nebeneffekte auftreten. Strafe gibt es in vielerlei Formen und Farben:

– Eltern können ihrem Kind eine lästige Aufgabe erteilen (selbst den Flur saubermachen, wenn es wieder einmal mit schmutzigen Schlammstiefeln hindurchgelaufen ist);
– sie können dem Kind auch etwas Störendes auferlegen (zum Beispiel eine Woche Fernsehverbot, nachdem es wieder Streit um das einzuschaltende Programm gegeben hat);
– sie können dem Kind etwas Schönes, eine Süßigkeit vorenthalten (zu spät zum Essen? Also kein Nachtisch!);
– ein böser Blick oder eine Zurückweisung (»Du gehst mir vielleicht wieder auf die Nerven«; eine solche Zurückweisung erfahren viele Kinder als Strafe: Sie haben zumindest vorübergehend die Liebe, die Wertschätzung ihrer Eltern verloren);
– eine Kopfnuß oder einen Klaps auf den Hintern.

Wenn Eltern häufig zu Strafen greifen, um das Verhalten ihrer Kinder zu beeinflussen, birgt das verschiedene Risiken in sich. Ein Risiko ist, daß das Kind sein Verhalten heimlich fortsetzt: Wird es einmal »geschnappt«, wenn es sein kleines Geschwister hänselt, kann es die Gefahr, ertappt zu werden, zu verringern suchen. In der Praxis bedeutet das, daß das Hänseln einfach weitergeht, nur unauffälliger.

Das allergrößte Risiko bei häufigen und insbesondere bei strengen Bestrafungen ist, daß das Kind ängstlich und mißtrauisch wird. Es gibt Kinder, die so hart angegangen werden, daß sie sogar Haßgefühle gegen ihre Eltern entwickeln und bockbeinig werden. Diese Kinder entwickeln Verhaltensschwierigkeiten, während ihre Eltern gerade versuchen, ihr Verhalten positiv zu beeinflussen. Ein Kind, das zum Beispiel die ganzen Sommerferien im Haus bleiben muß, weil es ein schlechtes Versetzungszeugnis hatte, wird – zu Recht – seine Eltern verwünschen; die Wahrscheinlichkeit, daß das Kind nach den Ferien mit guter Motivation das neue Schuljahr anfängt, ist äußerst gering. Die Wahrscheinlichkeit, daß es herumfaulenzen, die Schule schwänzen oder dort die Dinge auf den Kopf stellen wird, ist viel größer!

Bestrafung kann ein Muster in der Beziehung werden: Das Kind frißt etwas aus und bekommt eins aufs Dach, es frißt wieder etwas aus und bekommt wieder eins aufs Dach ... Zuletzt sind die Eltern hauptsächlich damit beschäftigt, dem Kind eins aufs Dach zu geben, während sein Verhalten dabei nicht unbedingt Fortschritte macht. Ein solches Muster bringt niemanden wirklich weiter, das Kind nicht – das wird höchstens immun gegen Bestrafung, es erträgt sie tatenlos, anscheinend ohne wirklich davon »berührt« zu sein – und die Eltern ebensowenig.

Über Strafen ist viel nachgedacht oder geschrieben worden, schon seit Jahrhunderten. »Der milde Arzt schlägt grobe Wunden«, wußten unsere Vorväter schon zu ersinnen. Und: »Wer seine Kinder liebt, spart mit der Rute nicht!« Strafe wurde in früheren Zeiten denn auch als das Erziehungsmittel schlechthin betrachtet. Zum Glück wissen wir heute, daß es auch andere, wirkungsvollere Arten gibt, das Verhalten des Kindes zu beeinflussen.

Trotzdem ist das Strafen damit nicht völlig abgeschrieben. Strafe kann bisweilen einmal positiv funktionieren, auch wenn hier einige deutliche Einschränkungen geltend zu machen sind:

– Strafe darf nur in Ausnahmefällen Anwendung finden und nicht als Regel; ein vereinzeltes Strafen schadet nicht;

– die Strafe muß sofort nach der »Übertretung« erteilt werden und ist selbstverständlich mit einer genauen Erklärung zu versehen, so daß das Kind den Zusammenhang zwischen seinem Verhalten und der Strafmaßnahme begreift;

– die Strafe muß im Verhältnis zur Übertretung stehen;

wenn ein Kind einen Monat lang nicht vor die Tür darf oder kein Taschengeld bekommt, weil es einmal zehn Minuten zu spät nach Hause gekommen ist, ist das natürlich völlig abwegig;

– und das Allerwichtigste: Nach der Bestrafung ist es auch wirklich vorbei; wenn Eltern danach noch immer verärgert sind, kann das für das Kind eine Art Zusatzsanktion, eine doppelte Strafe sein.

* **Ignorieren**

> »Mama, weißt du, was Miranda getan hat?«
>
> Ankie (9 Jahre) und ihre kleine Schwester Miranda (8) kommen nach der Schule nach Hause gestürmt und versuchen, jede als erste durch die Tür zu kommen. Sie schieben sich gegenseitig mit den Ellbogen beiseite. »Stimmt gar nicht, Mama, ich habe nichts getan!« überbrüllt Miranda sie, »das war der blöde Junge von nebenan. Der hat gesagt...«
>
> »Pfui! Du lügst, das warst du selber!« fällt Ankie ihr wieder ins Wort.
>
> »Gar nicht!« »Doch!« »Ach, dumme Kuh!« »Selber dumme Kuh!«
>
> Die ganze Zeit hindurch hat die Mutter noch nichts gesagt. Sie hat ihre beiden Töchter noch nicht einmal angesehen. Sie hat ruhig weiter ihre Zeitung gelesen.
>
> Als die beiden sich zankenden Mädchen zu schreien anfangen, steht sie ganz ruhig auf und verläßt mit der Zeitung das Zimmer. Noch keine Sekunde später haben Ankie und Miranda ausgestritten und gehen schulterzuckend, aber ruhig, nach draußen.

Ankies und Mirandas Mutter ignoriert das wechselseitige Gezänk und Geschimpfe. Das ist für sie unakzeptables Verhalten. Sie hätte auch dagegen vorgehen können, aber vermutlich hat sie in der Vergangenheit schon oft genug gemerkt, daß das keinen Zweck hat. Was die beiden wollen, ist Aufmerksamkeit. Die eine will noch mehr Aufmerksamkeit als die andere. Würden sie Aufmerksamkeit bekommen – und sei es nur in Form einer strafenden Bemerkung oder eines verzweifelten Seufzers –, wäre das genug für sie, um weiterzumachen.

Unakzeptables Verhalten zu ignorieren hat oft die gleiche Wirkung, wie wenn man eine gläserne Glocke über eine brennende Kerze stülpt: Langsam aber sicher erlischt diese durch Sauerstoffmangel. Für Miranda und Ankie sind das Nachhausekommen und der Anblick ihrer Mutter Reize, miteinander in den Ring zu steigen – direkt vor dem Sessel ihrer Mutter –, in der Hoffnung, dadurch Aufmerksamkeit zu erlangen. Indem sie darauf nicht eingeht, indem sie ganz wörtlich aussteigt, nimmt die Mutter ihnen den wichtigsten Anreiz für ihr Verhalten.

Das Ignorieren unakzeptablen Verhaltens hat in der Praxis viel mehr Wirkung als Bestrafen. Wenn Verhalten bestraft wird, wird es in gewisser Weise doch noch mit Aufmerksamkeit belohnt – und damit verstärkt. Sehr viele Kinder zeigen unakzeptables Verhalten, weil sie Aufmerksamkeit wollen und weil sie nicht mehr wissen, wie sie auf andere Weise Aufmerksamkeit erlangen können.

Natürlich haben Kinder ein Anrecht auf die Aufmerksamkeit ihrer Eltern, sie können schlichtweg nicht ohne sein. Aber Eltern richten ihre Aufmerksamkeit besser auf akzeptable Verhaltensweisen, die dasselbe Kind ganz bestimmt auch an den Tag legt.

Das Ignorieren unakzeptablen Verhaltens ist eine Kunst, die nicht jeder direkt im Griff hat. Es erfordert Selbstbeherrschung und starke Nerven, will man sich nicht von der eigenen Irritation oder Wut mitreißen lassen. Nur wenn das vermieden wird, kann Ignorieren erfolgreich sein. Aber Ignorieren erfordert noch mehr.

Ignorieren ist ein völliges Nicht-Reagieren: keine abwehrende Gebärde mit der Hand machen, nicht böse dreinschauen, nicht verärgert aufseufzen, sich nicht in den Schultern verkrampfen, keine Miene verziehen. Kinder können mitunter verblüffend scharf in ihrer Wahrnehmung sein: Sie sehen jede kleine Einzelheit und fassen diese als Reaktion auf und damit als das Erreichen ihres Ziels, nämlich die Eltern zu »treffen«.

Manchmal hilft es, ungesehen bis zehn zu zählen, und zwar ganz langsam. Manchmal ist es geschickter, ganz ruhig und ohne sich umzublicken davonzugehen. Oder mit einer Arbeit fortzufahren, die noch nicht beendet war, oder mit dem Partner ganz ruhig weiterzureden – so als gebe es dieses schreiende und mit den Füßen stampfende Kind überhaupt nicht.

Für Kinder kann es enttäuschend sein, ignoriert zu werden – sie bekommen ja nicht, was sie wollen: Aufmerksamkeit! –, aber manchmal kann es auch sehr schmerzhaft sein. Besonders wenn Kinder nicht gewohnt sind, daß ihr Verhalten ignoriert wird, wenn sie gewohnt sind, immer eine Reaktion auf ihr Verhalten zu bekommen, können sie vorübergehend sehr verunsichert sein und sich vielleicht sogar völlig abgelehnt vorkommen, wenn sie einmal ignoriert werden. Die Versuchung ist dann groß, nachzugeben und dem Kind doch noch die erbetene Aufmerksamkeit zu schenken.

Es erfordert doppelte Selbstbeherrschung, aber beim Ignorieren ist es wirklich besser, nicht gleich unmittelbar danach das Kind wieder zu trösten. Besser ist, Sie lassen dem Kind etwas Zeit, sich an den Gedanken zu gewöhnen, daß sein Verhalten ignoriert wird. Wenn alle Gemüter sich wieder beruhigt haben – das des Kindes ebenso wie das der Eltern –, können Sie ruhig auf die Angelegenheit zurückkommen. Ohne Beschuldigung, ohne Vorwurf und vor allem auch ohne Selbstvorwurf. Nur in der Absicht, das, was eventuell noch unklar ist, zu verdeutlichen. Und vor allem, um deutlich zu machen, daß das Ignorieren nicht die Zurückweisung des Kindes bedeutete, sondern das Zurückweisen eines konkreten Verhaltens.

* **Belohnen** – Das Belohnen erwünschten, akzeptablen Verhaltens hat in der Praxis viel mehr und viel positivere Effekte als das Bestrafen unakzeptablen Verhaltens. Wenn erwünschtes Verhalten belohnt wird, verstärken die Eltern damit bei ihrem Kind die Reiz-Reaktionskette auf sehr angenehme Weise.

Ein Kind, das beim Anblick eines frisch gewischten Flurs (= Reiz) zuerst seine Stiefel auszieht und dann erst weitergeht (= Reaktion), kann mit einer anerkennenden Bemerkung – »Wie schön, daß du erst deine Stiefel ausziehst, jetzt bleibt der Flur schön sauber!« – dazu gebracht werden, dieses Verhalten häufiger an den Tag zu legen.

Diese Reiz-Reaktionskette kann auch etwas komplizierter aussehen. Gesetzt, ein Kind hat nach vielen Erklärungen begriffen, daß es keine Anerkennung erntet, wenn es im Supermarkt beim Anblick des Süßigkeitenregals (= Reiz) zu betteln anfängt (= normale Reaktion dieses Kindes). Wenn dieses Kind jetzt also ohne zu betteln am Süßigkeitenregal vorbeigeht, braucht es dazu wahrscheinlich die doppelte Energie: Und das verdient zusätzliche Anerkennung! Wenn ein Kind im Spielwarengeschäft keinen Wutanfall bekommt, obwohl es die Rollschuhe, die es so gerne gewollt hat, nicht bekommt, dann ist das Grund genug, ihm etwas besonders Nettes zu sagen.

Belohnen ist eine positive Form, Aufmerksamkeit zu schenken. Das erwünschte Verhalten des Kindes wird auf sehr angenehme Weise verstärkt. Auch wird die Beziehung mit dem Kind dadurch angenehmer: Eine Beziehung, in der es ab und zu kleine Komplimente, ein Schulterklopfen, eine Liebkosung, ein Augenzwinkern gibt, ist viel angenehmer als eine Beziehung, in der hauptsächlich auf Fehler und Übertretungen geachtet wird!

Aufmerksamkeit für das erwünschte Verhalten von Kindern lenkt die Aufmerksamkeit vom unerwünschten, unakzeptablen Verhalten ab. Oft reicht diese Ablenkung schon aus, den Teufelskreis von unerwünschtem Verhalten / Strafe / erneutem unerwünschtem Verhalten / erneuter Strafe zu durchbrechen.

Auch Belohnungen müssen im Verhältnis zu dem vom Kind gezeigten Verhalten stehen. Ein großer, teurer Eisbecher für das einmalige Helfen beim Abwasch macht diese kleine Hilfe zu etwas gar sehr Besonderem. Aber eine halbe Stunde gemütlichen Vorlesens, weil »die beiden« sich einmal ohne Streit das Badezimmer geteilt haben – das klingt schon besser!

Genau wie es vielerlei Strafen gibt, lassen sich auch alle möglichen Belohnungen ausdenken. Eine Belohnung muß wirklich nicht immer – besser ist sogar nicht – eine materielle Belohnung sein, die etwas »kostet«:

- Dem Kind ein Kompliment zu machen, zu sagen, was genau Sie an seinem Verhalten anerkennen und warum, ist natürlich die deutlichste Form der Belohnung;
- dem Kind über den Kopf zu streicheln, es an sich zu drücken oder ihm zuzuzwinkern, funktioniert gelegentlich auch hervorragend;
- das Kind etwas Schönes tun lassen, was es gerne tut, oder zusammen etwas Gemütliches unternehmen, kann ebenfalls belohnend und verstärkend wirken.

Vieles und überschwengliches Belohnen birgt jedoch ein Risiko in sich: Manche Kinder werden abhängig davon und tun nichts mehr, wenn dafür nicht irgendeine Belohnung winkt. Ich hörte einmal, wie ein Vater auf dem Sportplatz sagte: »Das kostet mich wieder zwei Gulden heute!« Sein Sohn hatte soeben beim Fußball das zweite Tor geschossen. Wie sich herausstellte, hatte der Vater einen Gulden pro erzieltem Tor ausgesetzt. »Tue ich das nicht«, entschuldigte sich der Vater, »dann ist er zu faul, sich überhaupt nach dem Ball umzudrehen, aber für 'nen Gulden läuft er!« So kenne ich auch Familien, wo die

Autowäsche (von den Kindern durchgeführt) mehr kostet, als wenn das Auto durch das teuerste Programm der Waschstraße gefahren wird!

Kinder müssen es anzuerkennen lernen, wenn sie ein Kompliment, eine Liebkosung oder eine sonstige nichtmaterielle Belohnung bekommen. Auch das ist ein Lernprozeß. Eltern können diesen Lernprozeß in die falsche Richtung lenken, indem sie zum Beispiel schon die Keksdose öffnen, wenn ihr Kind – nach einem Kompliment – ganz verführerisch fragt: »Bekomme ich jetzt was Süßes?« Einer solchen Frage weichen die Eltern am besten aus, etwa indem sie antworten: »Ich weiß etwas Besseres – wir machen jetzt was Schönes. Du darfst auswählen: Vorlesen oder Memory!«

Ein Belohnungsprogramm – Eltern, die sehr genau wissen, welches Verhalten ihres Kindes sie verändern wollen, und die bereit sind, dafür die entsprechende Zeit und Energie aufzubringen, können ein Belohnungsprogramm ausarbeiten. Wenn ein neunjähriges Kind noch fast jede Nacht ins Bett näßt, können die Eltern zusammen mit dem Kind einen Plan machen: Für jede trockene Nacht wird eine kleine Sonne in den Kalender gemalt; zehn Sonnen ergeben einen Ausflug, für zwanzig Sonnen gibt es ein neues T-Shirt, bei dreißig Sonnen hören wir auf und kaufen dafür ein neues Asterix-Buch! So ein Belohnungsprogramm funktioniert nur, wenn es um Verhalten geht, daß nicht oder nur schwer auf andere Art – ein gutes Gespräch, eine deutliche Grenze, eine geäußerte Forderung – veränderbar ist.

Mit Belohnungsprogrammen lassen sich verblüffende Ergebnisse erreichen, besonders in Kombination mit dem konsequenten Ignorieren unerwünschten Verhaltens. Wichtig bei einem Belohnungsprogramm ist auch, daß das Kind sich dabei sicher fühlt und nicht das Gefühl hat, unmögliche Forderungen erfüllen zu müssen.

Auf einer Reihe von Schulen werden Kindergruppen

organisiert, an denen sehr gehemmte und sehr ungehemmte Kinder teilnehmen können. Sozial gesehen stecken gehemmte Kinder oft voller Versagensängste: Sie trauen sich zum Beispiel nicht, ein anderes Kind zu fragen, ob sie mitspielen dürfen; ängstlich wie sie sind, abgewiesen zu werden. Die ungehemmten Kinder kennen in sozialer Hinsicht dagegen überhaupt keine Grenzen: Sie fragen ein anderes Kind nicht, ob sie etwas »ausleihen« dürfen, sie nehmen es sich einfach; ebensowenig fragen sie, ob sie mitspielen dürfen, im Gegenteil, sie zwängen sich einfach dazwischen und reißen das ganze Spiel an sich!

In den Kindergruppen wird zunächst darauf geachtet, daß es den Kindern dort gefällt und daß sie sich sicher fühlen. Und daß sie verstehen, welches Verhalten Anerkennung findet und welches nicht. Und warum das so ist.

Verhalten, das keine Aufmerksamkeit oder Akzeptanz findet, wird in der Kindergruppe vollkommen ignoriert – niemand sieht sich danach um, niemand sagt etwas dazu. Doch sobald ein Kind ein anderes um etwas bittet – wie unbeholfen auch immer –, bekommt es sofort einen Gutschein in die Hand gedrückt. Zum Schluß wird gezählt, wer die meisten Gutscheine hat: Dieses Kind darf sich als erstes etwas aus der »Spielzeug-Tauschkiste« aussuchen. Es ist verblüffend, wie schnell Kinder dieses »Spiel« kapiert haben und wie drastisch sich ihr Verhalten dadurch verändert. Und zwar auch auf Dauer!

Ein Belohnungsprogramm kann für eine Vielzahl von Verhaltensweisen eingesetzt werden, aber natürlich gilt es dabei selektiv vorzugehen: nicht für jedes Verhalten, das »etwas besser« sein könnte, sondern lediglich für dasjenige, das die elterliche Liste besorgniserregender oder ängstlicher Verhaltensweisen anführt! Ist die schmutzige Wäsche auf der Treppe wirklich die allergrößte Irritationsquelle, oder ist es die Unordnung im Kinderzimmer selbst oder das nicht fortgeräumte Spielzeug im Wohnzimmer? Herrscht wegen des späten Nachhausekommens schon seit Monaten Streit, oder ist es wegen der ständigen Zänkereien und Händel zwischen den Geschwistern? Sind diese Fragen geklärt, kann ein Belohnungsprogramm funktionieren.

Ein Belohnungsprogramm erfordert eine Art von »Vertrag« mit dem Kind; es muß vorab wissen, was genau von ihm erwartet wird und warum, und was dem gegenübersteht. Das bedeutet, daß die Eltern das unakzeptable Verhalten genau benennen müssen – am besten ganz neutral und sachlich: »Jedes Mal, wenn du dein Bett selbst gemacht, deine Sachen in den Kleiderschrank gehängt und deine Bücher ins Regal geräumt hast, mache ich auf einem Blatt Papier einen Strich. Bei zehn Strichen gehen wir zusammen ins Schwimmbad; wenn du zwanzig Striche hast, darfst du bestimmen, welchen Kinofilm wir uns ansehen; bei dreißig Strichen hören wir auf, und du darfst dir meinetwegen eine neue CD aussuchen. Was hältst du davon, einverstanden?« Die Wahl liegt dann bei dem Verursacher der ewigen Unordnung. Dessen Zustimmung ist jetzt gefragt.

Und der Elternteil wird sich vornehmen müssen, sehr gut aufzupassen: Jedes Mal, wenn es klappt, muß auch wirklich ein Strich aufs Papier kommen. Klappt es wieder einmal nicht, dann wird das ignoriert.

Für viele Kinder ist ein solches Belohnungsprogramm genau der fehlende Anstoß, den sie brauchen, um sich langsam aber sicher ihres Verhaltens bewußt zu werden und sich ein neues Verhalten anzugewöhnen. Von den Eltern verlangt es ein sehr konsequentes Vorgehen und einen scharfen Blick für alle Versuche des Kindes, sich den neuen Spielregeln entsprechend zu verhalten. Doch dann kann es erfolgreich sein!

D Forderungen stellen!
... für Eltern, die es wirklich leid sind!

Kinder können mit ihrem Verhalten Eltern manchmal bis
aufs Blut quälen, besonders, wenn sie ihr unakzeptables
Verhalten auch dann fortsetzen, nachdem schon mehrere Male deutlich etwas dazu gesagt wurde. Wenn ein
sechsjähriges Kind abends um acht Uhr immer noch vor
dem Fernseher sitzt und es ihm einfach nicht einfällt, ins
Bett zu gehen, oder wenn ein zehnjähriges Kind zum
vierten Mal etwas im Supermarkt gestohlen hat, oder
wenn ein vierzehn-, fünfzehnjähriges Kind fast täglich
ein paar Schulstunden versäumt, obwohl schon ein paar-
mal eine klare Grenze gesetzt wurde – dann wird man
wütend! Vielleicht auch ratlos obendrein, doch Ratlosigkeit ist selten ein guter Ratgeber.

Meistens geht es um Kinder, die zumindest eine Zeitlang zuviel Freiheiten gehabt haben, die zu oft selbst entscheiden mußten, was sie zu tun oder zu lassen hatten,
und die letztendlich soviel Verantwortung nicht bewältigen können. Wenn die Grenzen zu weit gesteckt waren
und neu definiert werden müssen, gelingt das nicht
durch Verhandeln und auch nicht mit einem Belohnungsprogramm. Dann muß eingegriffen werden, und
zwar klar und deutlich: Es müssen Forderungen gestellt
werden!

Wenn Eltern Forderungen an ihr Kind stellen, ist das
eine außergewöhnliche Form der Kommunikation mit
dem Kind. Eltern, die Forderungen stellen, geben ihrer
Stimme einen entschlossenen Klang (»Bis hierher und
nicht weiter!«), fast immer unterstreichen sie das Gesagte durch klare, unmißverständliche Gesten und schauen
dem Kind dabei direkt in die Augen. Das ist bei anderen
Kommunikationsformen nicht immer der Fall. Wenn Eltern zum Beispiel eine an das Kind gerichtete Predigt
vom Stapel lassen, sehen sie dabei vielleicht einmal aus
dem Fenster; wenn sie argumentieren, um ihr Kind auf

andere Gedanken zu bringen oder zu einem anderen Verhalten zu bewegen, kann ihre Stimme vielleicht auch überzeugend klingen, aber längst nicht so entschieden und unverrückbar, wie wenn sie wirklich Forderungen erheben. Und wenn sie Fragen stellen, die keinen Sinn machen – »Warum tust du das bloß? Findest du das vielleicht schön? Oder glaubst du, mir gefällt das?« –, machen Eltern dabei bestimmt auch Gesten, aber diese werden recht oft unterschiedlich interpretierbar sein; etwa wenn sie mit den Schultern zucken oder verzweifelt die Arme in die Luft werfen.

Alle diese Kommunikationsformen helfen nicht mehr, wenn ein Kind eine Zeitlang zu viel Freiheiten erhalten hat und wenn sich herausstellt, daß es damit nicht umgehen kann. Dann müssen wieder ganz normal solide Forderungen erhoben werden.

Es klingt autoritär: Forderungen erheben. Es sieht aus wie die Anwendung von Machtmitteln, aber das braucht es überhaupt nicht zu sein. Wenn andere Arten der Kommunikation mit Kindern nicht helfen, wenn sie nicht das gewünschte Ergebnis herbeiführen und das Kind sein unakzeptables Verhalten fortsetzt, sind wir der verkehrten Welt schon sehr nahe: Das Kind hat die Macht und veräppelt damit seine Eltern. Dann wird ein Spiel mit den Eltern gespielt, und sie werden nicht ernst genommen. Eltern mit Selbstrespekt werden bei diesem Spiel wahrscheinlich aussteigen wollen. Denn unwirksame Arten der Grenzsetzung beizubehalten wird dann zu einem Spiel, bei dem immer das Kind gewinnt: ein unfaires Spiel, das zu nichts führt.

Ich sah kürzlich einen Videofilm von zwei amerikanischen Psychologen, Bernard Schwartz und Paul Wood. Der Film hatte den vielleicht nicht schönen, aber dafür treffenden Titel: »How to get your children to do what you want them to do?«, oder übersetzt: »Wie bekommen Sie Ihre Kinder soweit, das zu tun, was Sie wollen?« In ihrem Film betonen Schwartz und Wood, wie wichtig es ist, Forderungen zu stellen, wenn es auf andere Weise nicht geht. Genau wie Thomas Gordon nennen auch sie eine Reihe von Schritten, die Eltern zu befolgen haben, wollen sie erfolgreich Forderungen an das Verhalten ihrer Kinder stellen. Es sind fünf simple Schritte, die Eltern brauchen dazu nichts Neues hinzuzulernen – eigentlich sollen sie in erster Linie aus den eigenen, früher gemachten Erfahrungen lernen, was zu tun jetzt für sie das Beste ist.

Schritt 1: Bestimmen Sie, um welches Verhalten des Kindes es geht

Forderungen zu stellen wäre eine sehr autoritäre Art der Erziehung, wenn Eltern den ganzen Tag über nichts anderes tun würden als das. Aber was Eltern in den meisten Fällen stört, sind eine oder nur wenige Verhaltensweisen ihres Kindes.

Kinder zeigen den ganzen Tag über vielerlei Verhaltensweisen, akzeptable oder unakzeptable. Was die Eltern zur Verzweiflung treibt, ist nicht all das, was das Kind tut, sondern meistens eine konkrete Verhaltensweise. Wenn Eltern an ihr Kind Forderungen stellen, ist es wichtig, diese eine konkrete Verhaltensweise zu benennen und dabei zu bleiben.

Der neunjährige Pim ärgert regelmäßig seine kleine Schwester, hat auch einmal im Garten ein Feuer gelegt und näßt – zur Verzweiflung seiner Eltern – fast jede Nacht ins Bett, während er im Urlaub oder wenn er bei Freunden übernachtet, meistens trokken bleibt.

Pims Eltern gefällt es nicht besonders, daß er ab und zu seine kleine Schwester ärgert; das Feuer im Garten hat sie auch erschreckt, aber nachdem sie das einmal gesagt haben, ist es nie mehr vorgekommen. Bloß dieses Bettnässen: das geht den Eltern nahe. Sie haben alles mögliche versucht, haben nächtens den Wecker gestellt und lange Gespräche mit Pim geführt; sie haben ihn bestraft, indem sie ihn immer selbst seine nasse Bettwäsche aufräumen ließen. Doch nichts scheint zu helfen.

Pims Eltern können fordern, daß er mit dem Bettnässen aufhört. Daß er auch seine kleine Schwester bisweilen ärgert und einmal ein Feuer gelegt hat, das zählt im Augenblick nicht mit. Wenn es darum geht, Forderungen zu stellen, geht es nicht um Verhalten, das »etwas besser« sein könnte, sondern um dasjenige Verhalten, das die Eltern wirklich leid sind.

Es ist eine Kunst, Verhalten so zu benennen, daß es objektiver wahrnehmbar wird. Wir sind nun einmal rasch geneigt, über das kindliche Verhalten zu urteilen, und wir verwechseln dann sehr leicht unser Urteil mit dem Verhalten des Kindes. Es fällt uns selbst vielleicht nicht einmal mehr auf – so oft tun wir das! –, doch bei Kindern erzeugen wir dadurch Abwehr. Außerdem machen unsere Urteile nicht klar, worum es eigentlich geht, nämlich um das *Verhalten* des Kindes.

Pims Eltern würden ein *Urteil* über das Verhalten – Bettnässen – äußern, wenn sie sagten: »Dieses *nervige* Getue«; »Du näßt auch *immer* ins Bett«; »Es ist wieder *soweit*«; »Jede Nacht *das gleiche Lied!*«

Wenn sie mit Pim über dessen Verhalten sprechen wollen, werden sie sich auf das Wort »bettnässen« beschränken müssen, ohne irgendeinen Zusatz. Dann wissen sie und dann weiß Pim, worum es geht.

Schritt 2: Untersuchen Sie für sich, warum das Kind dieses Verhalten an den Tag legt

Eltern sind häufig geneigt, bei unakzeptablem Verhalten ihres Kindes zu fragen: »Warum tust du das bloß?« So gut wie kein Kind kann diese Frage zur vollen Zufriedenheit beantworten. »Warum ich im Warenhaus eine CD gestohlen habe? Weiß ich nicht, ist einfach passiert...« »Warum ich ungefragt Geld aus deinem Portemonnaie genommen habe? Ich wollte mir was kaufen. Warum ich nicht gefragt habe? Weiß ich nicht...«

Besser ist es, wenn Eltern für sich überprüfen, warum das Kind ihrer Meinung nach dieses Verhalten gezeigt hat. Eltern haben da meistens ihre Vorstellungen und Ahnungen, und es kann nicht schaden, diese einmal für sich selbst in Worte zu fassen.

Warum näßt ein neunjähriges Kind nachts wohl ins Bett? Vielleicht, weil es emotionale Probleme hat. Warum stiehlt ein Kind eine CD in einem Warenhaus? Vielleicht fehlt ihm etwas, gebe ich ihm nicht das, was es braucht. Warum stiehlt mein Kind mir Geld aus der Tasche? Vielleicht, weil es kleptomanisch ist und die Finger wirklich nicht bei sich behalten kann; oder vielleicht will es auf diese Weise zeigen, daß ihm Aufmerksamkeit fehlt. Das alles kann stimmen, aber stimmt es auch tatsächlich? Ist das unbedingt der Grund? Gibt es wirklich keine andere Erklärung?

Es ist wichtig, alle Argumente, die nicht hundertprozentig zutreffen, über Bord zu werfen: Fort damit, denn sie behindern eine klare Kommunikation mit dem Kind! Eltern, die davon ausgehen, daß ihr Kind ins Bett näßt, weil es womöglich emotionale Probleme hat, gehen wahrscheinlich sehr umsichtig ans Werk – um ihr Kind nicht noch mehr zu belasten. Außerdem gehen sie davon aus, daß ihr Kind sein eigenes Verhalten nicht ändern kann: Es liegt ja nicht an ihm, sondern an seinen Problemen. Dann ist das Verhalten des Kindes nicht direkt zu verändern und hat es auch wenig Sinn, das zu versuchen. Es geht fast nicht anders: Eltern, die so denken, lassen das durchschimmern, wenn sie mit ihrem Kind über dessen Verhalten reden.

Und Kinder hören das, Kinder hören ihre Eltern sagen: »Ich will, daß du damit aufhörst«, während eigentlich mitschwingt: »Aber ich weiß, daß du nichts dafür kannst!«

Wenn Kinder für ihr eigenes Verhalten verantwortlich sind, sind sie auch imstande, etwas an diesem Verhalten zu ändern. Aber wenn es um ein »kleines Malheur« geht, kann das Kind nichts dafür: Ein Unglück hat niemand in der Hand. Dann hat es auch keinen Sinn, Forderungen zu stellen.

Schritt 3: Überprüfen Sie Ihre bisherigen Versuche, das Verhalten zu stoppen

Wenn Eltern bezüglich eines Verhaltens ihres Kindes wirklich am Ende ihrer Weisheit sind, handelt es sich meistens um ein Verhalten, das schon eine Zeitlang fortwährt, und meistens haben die Eltern dann auch schon – erfolglos – alles mögliche versucht.

»Verrückt macht mich das«, erzählte mir kürzlich die Mutter eines fünfjährigen Mädchens. »Sie denkt abends überhaupt nicht daran, einzuschlafen. Wenn ich sie um halb acht ins Bett stecke, dauert es manchmal bis elf Uhr, ehe die kleine Dame endlich eingeschlafen ist. Und bis dahin treibt sie so allerlei: Sie singt Lieder, knipst ihr Nachttischlämpchen an und aus, sie ruft mich alle fünf Minuten, und wenn ich nicht sofort komme, dann brüllt sie vielleicht los!«

»Was haben Sie denn schon alles versucht, das zu

verändern?« fragte ich. »Alles mögliche«, antworte-
te die Mutter prompt und zählte ein ganzes pädago-
gisches Handbuch von Dingen auf, die sie versucht
hatte: Sie hatte das Vorlesen eine halbe Stunde länger dauern lassen, sie hatte die Uhr vorgestellt, sie
hatte Nachtlichter brennen lassen, die Tür offenge-
lassen, war selbst auf Zehenspitzen durchs Haus
gelaufen, hatte den Fernseher ausgelassen ...

Nichts hatte geholfen.

Versuche, die erfolglos bleiben, sind in vielen Fällen unklare Kommunikationsformen: Indem sie eine halbe
Stunde länger vorlas, erschöpfte die Mutter sich – gegen
ihren Willen –, wobei für das Kind nicht wirklich klarer
wurde, daß jetzt Schlafenszeit war; indem sie die Uhr
vorstellte, versuchte die Mutter, das Kind hinters Licht
zu führen – was bisweilen gelingt, aber nicht, wenn es
um einen wirklichen Machtkampf geht.

So können Eltern ihren Kindern gegenüber auch ganze Predigten vom Stapel lassen und ihnen umständlich
erklären, daß das, was sie tun, nicht gut ist. Aber was
ist eine Predigt? Nicht mehr als ein Ratschlag. Gut gemeint und ganz bestimmt randvoll mit Wahrheiten und
berechtigten Warnungen. Aber nach einer Predigt kann
ein Kind noch immer selbst entscheiden, was es tut: den
Rat befolgen oder nicht. Die Wahl liegt dann immer
noch beim Kind, obwohl die Eltern eigentlich sagen
wollen: »Halt, jetzt reicht's uns aber. Bis hierher und
nicht weiter!« Mit anderen Worten: Die Eltern wollen
die Wahl nicht dem Kind überlassen, sie wollen, daß es
sein Verhalten ändert. Genau das müssen sie dann auch
sagen.

Eltern, die sich lauter Tricks ausdenken, um ihr Kind
hinters Licht zu führen, oder die tun, was das Kind von
ihnen verlangt (alle fünf Minuten ins Schlafzimmer ge-
rannt kommen, um nachzusehen, was denn jetzt wieder
los ist), sind am Ende erschöpft: Irgendwann sind die

Tricks alle, und die Eltern drehen durch. Wenn Predigten, Erklärungen und Tricks keinen Erfolg haben, dann hören Sie damit auf!

Schritt 4: Überprüfen Sie frühere Erfolge

Gewiß haben alle Eltern einmal etwas zu ihrem Kind gesagt, das unmittelbar Erfolg hatte. Alle Eltern haben einmal bei einem Konflikt erreicht, daß das Kind genau tat, was der Elternteil wollte. Vielleicht war es eine Kleinigkeit. Vielleicht ist bloß ein Ball auf die Straße gerollt, und dem Kind mußte klargemacht werden, daß es nie und nimmer einem Ball hinterher auf die Straße rennen darf! Oder vielleicht mußte einmal wirklich umgehend auf ein anderes Fernsehprogramm umgeschaltet werden, weil dort sehr wichtige Nachrichten gesendet wurden, die es keinesfalls zu versäumen galt. Oder das Kind wollte schön lange ausschlafen, aber das ging wirklich nicht, weil der Geburtstagsbesuch sich zum Kaffee angesagt hatte...

In derart dringenden Situationen appellieren Eltern sehr dringend an ihre Kinder, und meistens funktioniert das. Wenn Eltern ein Verhalten ihrer Kinder verändern und überprüfen wollen, wie sie das angehen müssen, gehen sie am besten bei sich selbst zu Rate: Was habe ich gemacht, als ich einmal Erfolg bei meinem Kind hatte, was genau habe ich gesagt, wie habe ich es dabei angeschaut, welchen Klang in meine Stimme gelegt, wie auf Proteste reagiert? War ich meiner Sache hundertprozentig sicher, wußte ich genau, was ich wollte?

Darin liegt oft das Geheimnis: Wenn Eltern sicher wissen, was sie wollen, und auch ohne Zaudern dahinterstehen, sind sie für das Kind überzeugend und bekommen es zustande. Das haben sie in der Vergangenheit gemerkt. Was hindert sie also, es jetzt wieder so zu versuchen?

Schritt 5: Tun Sie es wieder so

Die Eltern wissen jetzt, welches Verhalten ihres Kindes sie unbedingt verändert sehen wollen, sie wissen, daß das Kind das kann, sie wissen, was sie nicht mehr zu probieren brauchen, weil es doch erfolglos ist, und sie wissen, wie sie es statt dessen sagen müssen. Sie können jetzt von dem Kind verlangen, daß es sein Verhalten ändert.

Das Allerwichtigste dabei ist: Sagen Sie, was Sie meinen, und meinen Sie, was Sie sagen. Lassen Sie diesbezüglich nicht den geringsten Zweifel: So will ich es und nicht anders! Nein – kein »ja, aber«. Jetzt nicht. Jetzt sage ich, was die Uhr geschlagen hat!

Es klingt autoritär, es klingt vielleicht hart. Aber Eltern, die das Verhalten ihres Kindes wirklich leid sind und die bereits auf allerlei andere Weise versucht haben, dieses Verhalten zu beeinflussen, haben keine Wahl: Sie müssen zeigen, wer letztendlich die Verantwortung hat. Und das sind die Eltern, wie demokratisch sie ihre Kinder vielleicht auch erziehen wollen.

Die Möglichkeit besteht, daß das Kind von derart viel Klarheit und Selbstsicherheit zwar beeindruckt ist, aber dennoch sein altes Verhalten fortsetzt. In den meisten Fällen ist das ein Test: Das Kind testet die Eltern. Es ist, als würde es mit seinem Verhalten fragen: »Ist es dir wirklich ernst mit dem, was du sagst?« Wenn Eltern in einem solchen Fall Standvermögen beweisen, wenn sie dem, was sie gesagt haben, treu bleiben, kann nichts danebengehen. Dann merkt das Kind, daß nur eine Wahl bleibt: sein Verhalten zu ändern. Sonst nämlich droht ein völliger Krieg, und das Risiko wagt selbst das störendste Kind nicht einzugehen.

Wann dürfen Sie Forderungen stellen? – Forderungen stellen scheint den Weg für einen autoritären Erziehungsstil zu ebnen, bei dem die Eltern den Ton angeben und das

Kind nichts zu sagen hat. Kommt das nicht in die Nähe des Machtmißbrauchs, wenn man dem Kind dermaßen seinen Willen auferlegt?

Sie dürfen Forderungen stellen, wenn
- es um absolut unakzeptables Verhalten geht;
- das Kind nicht auf eine andere, vernünftigere Art reagiert;
- Sie als Eltern ihrer Sache sehr sicher sind und sich nicht von den eigenen Emotionen mitreißen lassen.

In vielen Fällen wird sich zeigen, daß es um Kinder geht, die – vielleicht nur zeitweilig – eigentlich zuviel Spielraum bekommen haben, zuviel Verantwortlichkeit, die sie nicht bewältigen konnten. Sie dürfen Forderungen stellen, wenn die Zügel wieder einmal gestrafft werden müssen.

Indem sie Forderungen stellen, können Eltern ihrem Kind einige große Dienste erweisen. Sie machen dem Kind auf unmißverständliche Weise deutlich, wo die Grenzen liegen. Ihre Grenzen. Damit bieten sie dem Kind abermals Sicherheit. Eigentlich sagen sie ihrem Kind – wenn auch mit weniger Worten –: »Ich liebe dich, und ich will dich auch weiter lieben. Letzteres gerät in Gefahr, wenn du das eine, konkrete Verhalten, über das wir jetzt sprechen, nicht änderst. Ich nehme dich ernst, denn ich gehe davon aus, daß du dein Verhalten selbst verändern kannst. Und am Klang meiner Stimme hörst du, daß es mir ernst ist. Das bedeutet, daß ich davon ausgehe, daß du dein Verhalten änderst, weil auch du weiterhin eine gute Beziehung mit mir willst.«

Wenn diese Botschaft in der Haltung der Eltern durchklingt, während sie verlangen, daß das Kind sein Verhalten ändert, ist das kein herzloser Umgang mit Kindern – im Gegenteil!

IV. Wenn das Verhalten des Kindes ein Alarmsignal ist...

Einleitung

Wenn ein Kind nicht hören will, die Schule schwänzt, Ihnen den ganzen Tag an Rock oder Hosenbeinen hängt, ins Bett näßt, Sachen kaputtmacht oder sich ständig mit anderen streitet, kann das ein Signal für tieferliegende Probleme sein! Das Verhalten ist und bleibt unakzeptabel, aber mit dem Setzen von Grenzen ist die Sache nicht erledigt. Es muß mehr geschehen: dem Kind muß geholfen werden. Wie können Sie als Eltern dem Kind helfen, wenn es – vielleicht sogar sehr schwerwiegende – Probleme hat? Verlangt das nicht einiges an Glanzleistungen, wozu sie eigentlich ein halber Psychologe sein müßten?

Einem Kind zu helfen, wenn es Probleme hat, ist nicht so schwierig, wie es scheint. Wenn Sie bloß ein paar wichtige Prinzipien beobachten und über ein paar unverzichtbare Eigenschaften verfügen!

1. »Was fängt man bloß an mit so einem Kind?«

Die Schule schwänzen, sich auf der Straße herumtreiben, Drogen konsumieren, kleinere Ladendiebstähle begehen, schreien und brüllen im Hausflur, tagträumen während des Unterrichts, Streit suchen, andere ärgern oder hänseln, Sachbeschädigung betreiben... das alles können schwerwiegende Verhaltensstörungen sein, an denen Eltern und Lehrkräfte Anstoß nehmen, und zwar zu Recht. Doch sehr oft steckt hinter diesem Verhaltensproblem etwas anderes: ein Problem des Kindes.

Kinder können in ihrem Leben sehr ernsten, schweren Problemen ausgesetzt sein. Manchmal ist das Leben eines Kindes eine derartige Aneinanderreihung von Problemen, daß man sich fragt: Woher nimmt das Kind überhaupt den Mut zum Weiterleben?

Rudy ist fünfzehn Jahre alt, als er mit dem Jugendamt in Berührung kommt. Er war acht Jahre, als er mit seiner Mutter und seinem Stiefvater in die Niederlande kam. Er fand es nicht schön, umzuziehen. In Surinam nämlich hatte er viele Freunde, eine schöne Schule und eine nette Lehrerin. Hier wurde er auf der Schule oft gehänselt, heimlich, wegen seiner dunklen Haut. »Bist wohl in die Kacke gefallen?« fragten sie, wenn sie an ihm vorbeirannten. Daheim mußte er viel weinen, weil ihm seine Freunde fehlten. Wenn seine Mutter ihn zufällig weinen sah, bekam er eins aufs Dach, denn Jungs hatten nicht zu heulen. Seine Mutter war nicht mehr so lieb zu ihm wie früher. Sein Stiefvater, der wohl lieb war, ging fort, und seine Mutter nahm einen neuen Freund. Einen Mann, der Rudy immer so merkwürdig ansah, nicht schön. Als Rudy von der Grundschule abging, wollte er nur eins: auf eine weiterführende Schule und dann Krankenpfleger werden. Doch der Freund seiner Mutter fand es besser, wenn er bloß die Berufsfachschule absolvierte. Schrecklich fand Rudy das. Rudy war dreizehn, als der Freund seiner Mutter ihn zum ersten Mal sexuell mißbrauchte. Rudy durfte seiner Mutter nichts sagen, sonst wäre er bestimmt von daheim fortgeschickt worden ... Rudy konnte mit niemandem darüber reden, er wagte es nicht. Wohl machte er am gleichen Abend einen dicken Kratzer quer über die glänzende Platte des neuen Couchtischs, den seine Mutter gerade erst von ihrem Freund bekommen hatte. Als Rudy vierzehn war, lief er von zu Hause fort. Die Polizei hatte ihn innerhalb von zwei Tagen aufgespürt: Rudy war so hungrig gewesen, daß er in einem Warenhaus eine Wurst gestohlen hatte, und dabei war er erwischt worden. Wieder daheim, bekam Rudy von seiner Mutter erst so richtig Gegenwind. Eine Woche später wurde er vom Freund seiner Mutter erneut mißbraucht. Rudy lief wieder davon. Ein Jahr später sagte die Mutter zu einer Sozialarbeiterin des Jugendamtes: »Ich weiß mir keinen Rat mehr mit ihm. Er schwänzt die Schule, stiehlt in Geschäften, macht daheim alles kaputt, er rennt von zu Hause fort und hat eine Laune – ungenießbar! Was fängt man bloß an mit so einem Kind?«

Rudys Verhalten ist in der Tat problematisch. Stehlen, davonlaufen, die Schule schwänzen, einen Tisch zerkratzen... was, wenn Ihr Kind das täte? Doch wenn es Ihr Kind ist und wenn es sich so verhält, interessiert Sie wahrscheinlich auch die Frage: Was steckt dahinter? Was ist los mit meinem Kind, daß es sich derart verhält? Rudys Mutter vertiefte sich nicht in diese Frage. Sie sah nur auf Rudys Verhalten, ärgerte sich darüber und übersah die Alarmsignale, die Rudy damit von sich gab.

Kinder können – ohne daß ihre Eltern irgend etwas davon wissen – mit enormen Problemen konfrontiert sein. Sie können in der Schule gnadenlos gehänselt und gequält werden, ohne zu Hause darüber zu sprechen: andere Kinder vermissen nach der Scheidung der Eltern vielleicht den Vater, wagen es aber nicht, das der Mutter zu sagen, weil sie sie sonst verletzen könnten; wieder andere Kinder werden von ihrem besten Freund fallengelassen oder werden sogar erpreßt, doch ihre Eltern

wissen von nichts. Es gibt auch Kinder, die eine Aneinanderreihung »kleinerer« Probleme durchmachen müssen – eine schlechte Note in einer Klassenarbeit, nach
der Turnstunde fehlt Geld, ein ungerechtfertigter Wutanfall der Eltern daheim oder einer Lehrkraft an der
Schule, der beste Freund zieht auf einmal um in eine
andere Stadt... es sind vielleicht Kleinigkeiten, aber zu-
sammengenommen können sie ein Kind gehörig aus
dem Lot bringen.

Kinder, die schwerwiegende Probleme durchleben,
klagen oft hinterher darüber, daß sie damals so viele
Alarmsignale ausgesendet haben – aber niemand hatte
diese Signale aufgegriffen! Mädchen beispielsweise, die
Inzesterfahrungen erleiden, wissen oft absolut nicht,
wie und mit wem sie darüber sprechen können. Sie sind
imstande, sich die Pulsadern aufzuschneiden oder das
Haus anzuzünden, daß jemand nur bitte, bitte zeigt:
»Ich sehe, daß irgendwas dir zu schaffen macht. Ich
weiß nicht, was dir zu schaffen macht, doch wenn du
darüber sprechen willst – ich bin da. Und sei ganz ruhig, was auch mit dir ist, ich werde dich nicht verurteilen!« Genau davor nämlich haben Kinder oft eine solche
Angst, daß sie den Mund nicht auftun: Sie haben Angst,
verurteilt und abgewiesen zu werden. Sie haben Angst,
daß sie demnächst nicht nur das Problem haben, das
ihnen jetzt zu schaffen macht, sondern daß sie noch ein
Problem dazubekommen: die Zurückweisung seitens ihrer Eltern!

2. Auf eine andere Wellenlänge umschalten

Verhaltensprobleme fallen selten vom Himmel. Sie stellen ein Problem für die Eltern dar, natürlich, und es ist
berechtigt, daß die Eltern Grenzen setzen, wenn ihr

Kind unakzeptables Verhalten zeigt. Doch ernsthafte »Verhaltensübertretungen« können auch ein Signal sein, daß mit dem Kind noch etwas anderes ist.

Eltern sind wichtig, sie haben das vollste Recht, dem Verhalten ihrer Kinder Grenzen zu setzen. Doch wenn Eltern ihre Wut, Irritation oder Besorgnis geäußert und ihre Grenze deutlich aufgezeigt haben, sollten sie eigentlich imstande sein, sofort auf eine andere Wellenlänge umzuschalten, das heißt: ihrem Kind zuzuhören.

Die Klage, die viele Kinder äußern, wenn sie ernste Probleme haben, lautet: Niemand versteht mich, niemand hört mir zu. Und oft haben sie recht, oft macht niemand sich die Mühe, sich einmal vorzustellen, wie die Welt in den Augen der Kinder aussieht. Eigentlich ließe sich die Klage der Kinder besser anders formulieren: Meine Eltern haben mir eine aufs Dach gegeben, und zu Recht, aber weshalb schalten sie dann nicht um, weshalb hören sie mir anschließend nicht zu?

Umschalten ist eines der allerwichtigsten Dinge mit Kindern. Es verlangt nicht nur die Anwendung anderer Fertigkeiten, es verlangt auch ein Umschalten in der eigenen Haltung. Es muß sozusagen ein Schalter umgelegt werden: von Wut auf Akzeptanz, von Irritation auf Geduld, von Ärger auf Verständnis.

Dieses Umschalten kann zu einem ganz anderen Gespräch führen. Hätte Rudys Mutter sich die Mühe gemacht und sich Zeit genommen und hätte sie vor allem die Liebe aufbringen können, ihrem Kind einmal zuzuhören – dann hätte sie vielleicht die Geschichte aus Rudys Perspektive gehört. Ganz bestimmt hätte sie sich erschreckt. Aber sie hätte Rudy viel besser verstanden und ihm auch viel besser helfen können.

Sich die Probleme eines Kindes anzuhören und dem Kind dabei zu helfen, einen Ausweg aus seinen Problemen zu finden, ist eines der schwierigsten, aber auch eines der wichtigsten Dinge, die Eltern für ihr Kind tun können.

3. Drei wichtige Eigenschaften, einem Kind zu helfen

»Arjanne, ich will einmal mit dir reden. Ich habe heute früh einen Anruf von deiner Schule bekommen – du warst wieder nicht da! Das war das dritte Mal in diesem Monat, daß du die Schule geschwänzt hast. Ich will dir eins sagen: Das macht mich rasend! Ich akzeptiere kein Schuleschwänzen, Arjanne, wirklich nicht!« Arjannes Mutter ist aufrichtig empört über das Verhalten ihrer Tochter und sehr klar in ihrer Ablehnung dieses Verhaltens. Arjanne erschrickt zunächst auch, aber nur für kurze Zeit. »Ach, das...« meint sie schulterzuckend, »darüber brauchst du dich nicht so aufzuregen. Es waren bloß Biologie und danach Sport. Für Biologie habe ich schon eine Zwei, und Sport...« »Das interessiert mich nicht, Arjanne, ich akzeptiere kein Schuleschwänzen. Ich hoffe, du hast das verstanden und schreibst es dir hinter die Ohren!« Wieder läßt die Mutter nicht den geringsten Zweifel über ihre Grenze bestehen. Die ist vollkommen klar.

»Du verstehst überhaupt nichts!« Jetzt regt Arjanne sich allmählich auf. Offenbar hat die Entschlossenheit ihrer Mutter sie getroffen. »Schuleschwänzen ist ganz normal, ab und zu ein paar Stunden blaumachen. Übrigens müßtest du einmal Biologie haben bei diesem Ekel! Und danach Sport. Zwei solche Sexisten an einem Morgen!«

»Sexisten!« Arjannes Mutter ist betroffen von diesem Wort und schaltet sofort um. »Meinst du... daß die beiden Lehrer sexistische Bemerkungen machen?« »Wenn es dabei bliebe!« antwortet Arjanne und klingt weniger irritiert; sie fühlt sich ernst genommen. »Den Sportlehrer solltest du mal erleben. Wenn wir seileklettern oder bockspringen, gibt er allen Mädchen einen Schubs. Natürlich bloß um ihnen zu helfen! Er weiß genau, wo er hinfassen muß! Und der Biologielehrer –«, aus Arjanne sprudelt es nur noch, ihre Mutter hat innerlich den Schalter umgelegt und hört zu, »der Biolehrer will immer, daß du dich vor die Klasse stellst, direkt neben seinen Tisch. Und dann besieht er dich von Kopf bis Fuß. Furchtbar!«

Arjannes Mutter sieht sie an und sagt zunächst nichts. Dann fragt sie leise: »Also das hat dich gestört!? Das ging dir so auf den Wecker, daß du die beiden Stunden immer hast ausfallen lassen?« »Ja«, ist die erleichterte Antwort.

Arjannes Mutter zeigt drei sehr wichtige Eigenschaften, die ein gutes Gespräch mit ihrer Tochter ermöglichen, ein Gespräch, mit dem die Mutter sich das Herz erleichtert und mit dem Arjanne zuletzt auch weiterkommt:

* *Sie ist echt und aufrichtig:* Ihre Wut und Entrüstung sind ebenso deutlich spürbar und ebenso ehrlich gemeint wie ihre Besorgnis um die Tochter, als diese zuletzt ihr wirkliches Problem dargelegt hat; sie sagt, was sie meint, und sie meint, was sie sagt!

* *Sie akzeptiert Arjanne:* Wenn ihre Tochter nach einiger Abwehr und Widerständen erzählt, was ihr Problem ist, verurteilt die Mutter das nicht. Sie hätte genauso sagen können: »Ach, du immer mit deinen Ausreden! Weißt du, wie es heutzutage geht? Alles, was Männer tun, ist gegenwärtig sexistisch! Und außerdem, vielleicht legst du es ja auch darauf an! Darf so ein Mann dir vielleicht nicht helfen?« Damit hätte sie für Arjanne endgültig die Tür zugeschlagen, jetzt hält sie diese offen.

* *Sie versucht, sich in ihr Kind hineinzuversetzen:* Sie versucht wirklich zu verstehen, was Arjanne erlebt. Sie kann natürlich nicht genau fühlen, was Arjanne fühlt,

aber sie kann versuchen, sich vorzustellen, was diese Erfahrungen in der Biologie- und Sportstunde für ihre Tochter bedeuten. Das zeigt sie Arjanne auch; und allein schon dadurch fühlt Arjanne sich unterstützt und frei zu erzählen, was sie stört.

Das sind die drei wichtigsten Voraussetzungen für ein gutes und deutliches Gespräch mit einem Kind; ein Gespräch, in dem Grenzen gesetzt werden, in dem aber auch Raum für eventuelle Alarmsignale des Kindes geboten wird. Wir wollen uns diese drei Eigenschaften eine nach der anderen betrachten.

* Echtheit

Echtheit hat mit etwas zu tun, wovon bereits die Rede war: Respekt sich selbst gegenüber, Respekt vor den eigenen Bedürfnissen sowie Treue gegenüber den eigenen Vorstellungen und Werten. Echtheit bedeutet: sagen was man meint, und meinen was man sagt, ohne Übertreibung oder Abschwächung.

Zu sagen, was man meint, kann mitunter hart ankommen. Wenn das Verhalten des Kindes wirklich auf keine Kuhhaut mehr geht, wenn Sie wirklich die Nase voll davon haben, will es schon manchmal scheinen, als seien alle die warmen mütterlichen oder väterlichen Gefühle per Expreß nach Hongkong verschickt!

Kinder halten zum Glück auch einiges aus. Es bringt sie sogar eher voran, wenn ihre Eltern klar zu verstehen geben, was genau sie stört, als wenn sie – entgegen ihren wahren Gefühlen – versuchen, trotz allem gelassen zu bleiben.

Elterliche Echtheit kann durch das Selbstbild der Eltern bedroht sein oder von den Forderungen, die Eltern an sich selber stellen. Es gibt Eltern, die sozusagen als »Friedensengel« auftreten: Sie dürfen nichts als Gutes bringen! Es gibt auch Eltern, die sich als »Bügeleisen« verstehen: Sie sind den ganzen Tag dabei, alles zu glätten. Kein Knitter, kein Fältchen darf die Beziehungen untereinander und die häusliche Atmosphäre beeinträchtigen – glätten das Ganze!

Ein solches Selbstbild und derartige selbstgestellte Anforderungen werden häufig durch Sätze bestimmt, die unbewußt durch die elterlichen Köpfe flattern: »Ich muß für eine harmonische Stimmung sorgen«; »Ich muß eine gute Atmosphäre garantieren«; »Ich darf mich nicht gehen lassen«; »Ich möchte kein Miesmacher sein«; »Ich möchte ein genauso guter Elternteil sein wie . . .«

Derartige Sätze können fatale Auswirkungen haben. Sie können eine aufrichtige Haltung gegenüber dem Kind verhindern und für jede Menge Schuldgefühle verantwortlich sein, wenn es doch zu einem bösen Ausfall kommt. Sie können auch dafür sorgen, daß Eltern ihre wirklichen Gefühle hinunterschlucken, bis sie nicht mehr zu halten sind; was dann folgt, ist kein böser Ausfall mehr, sondern eher schon eine Explosion!

Stoppen Sie diese Gedanken, wenn sie Ihnen im Weg sind! Stoppen Sie dieses Denken, sehen Sie genau hin, was das Kind tut, hören Sie, was es sagt, registrieren Sie, was Sie davon halten und welche Gefühle das Verhalten ihres Kindes hervorruft, und seien Sie so frei, diese zu äußern!

* *Akzeptanz*

Es klingt so einfach, aber in der Praxis ist es manchmal so schwer: Wenn ein Kind ein Problem hat, kann von etwas Unakzeptablem nicht die Rede sein. Ein Kind, das ein Problem hat, muß im Gegenteil vollkommen akzeptiert werden – mit Problem und Zubehör! Doch sehr oft sieht das anders aus; sobald die Eltern merken, daß mit ihrem Kind »irgend etwas« ist, werden sie selbst nervös. Sie sehen, daß sie eine Lösung finden müssen, daß etwas getan werden muß – am liebsten so schnell wie möglich.

Das sieht aus wie Engagement, aber eigentlich ist es eine Form der Ablehnung.

Arjannes Mutter hätte zum Beispiel rufen können: »Was?! Kann dieser Turnlehrer seine Hände nicht bei sich behalten? Was soll das! Und das bekomme ich erst jetzt zu hören!? Wieso hast du mir das nicht früher erzählt?! Lieber Gott, was soll ich denn nun wieder tun! Mit allem muß ich allein fertig werden! Jetzt das wieder! Weißt du was – ich rufe sofort den Direktor an. Nein, warte – ich schreibe einen Brief an deine Schulleitung. Sind die denn völlig verrückt geworden!?«

Durchgreifend ist dieses Auftreten bestimmt, aber ob Arjanne damit geholfen ist, oder ob sie sich auch nur verstanden fühlt, darf bezweifelt werden. Indem sie nämlich derart in Panik gerät, lädt Arjannes Mutter sich das Problem der Tochter auf die eigenen Schultern. Sie übernimmt es und sagt damit – wenn auch mit weniger Worten:

»Du hast ein Problem, und das akzeptiere ich nicht. Natürlich muß ich es wieder für dich lösen, schließlich muß ich ja immer alles für dich lösen, du selbst kannst das ja nicht – du bist nicht in Ordnung.«

Wenn Kinder in der Schule – oder wo auch immer – sexuell belästigt werden, ist es natürlich folgerichtig, daß Eltern eingreifen und alles tun, was in ihrer Macht steht, um ihr Kind zu schützen. Doch der Entschluß einzugreifen müßte ein Entschluß sein, den Eltern und Kind gemeinsam fassen. Wenn die Eltern allein entscheiden, nehmen sie dem Kind das Problem fort und laden es sich auf die eigenen Schultern.

Akzeptieren, daß ein Kind ein Problem hat, bedeutet nicht, daß das Kind mitsamt seinem Problem in den Wald geschickt wird. Oder daß die Situation als vollendete Tatsache akzeptiert wird. Es bedeutet wohl: akzeptieren, daß das Problem beim Kind liegt (und nicht bei Ihnen selbst); akzeptieren, daß das Kind sein Problem selbst meistern muß (auch wenn ihm dabei geholfen werden kann). Akzeptanz schafft Ruhe, sich die Fakten vor Augen zu führen, sie verhindert, daß zunächst Panik entsteht und erst anschließend nachgedacht wird...

* *Sich hineinversetzen*

Eltern, die aufrichtig mit ihren Kindern mitfühlen, können meistens sehr gut einschätzen, wie ihr Kind – wenn es ein Problem hat – das erlebt. Eltern kennen ihr Kind, sie spüren oft haarfein, was in dem kleinen Köpfchen vorgeht. Sie kennen auch die Signale und verstehen die »Körpersprache« ihres Kindes. Sie wissen genau, was es meint, wenn es nach Hause kommt, seine Schultasche in die Ecke pfeffert, die Jacke obendrauf, und ruft: »Diese blöde Schule!« Oder wenn ein Dreijähriger, der ein paar Minuten lang versucht hat, alle Holztiere in das Formbrett zu legen, irgendwann das ganze Spiel rasend durchs Zimmer wirft und zu weinen anfängt. Oder wenn ein fünfzehnjähriges Mädchen sich am Morgen nach der Schulfete ganz still auf die Couch setzt, gedankenlos eine Zeitschrift durchblättert und kein Wort sagt...

Für Kinder ist es ein wahrer Segen, wenn sie Eltern haben, die spüren, was in ihnen vorgeht, und die das nicht verurteilen (etwa indem sie antworten: »Blöde Schule? Du gehst zufälligerweise auf eine ausgezeichnete Schule! Wahrscheinlich hast du bloß selbst wieder geschlampt!«).

Eltern, die ihr Kind wirklich kennen, wissen oft auch, wie sie am besten auf es reagieren können. Das eine Kind muß vielleicht einfach nur in Ruhe gelassen werden: Sie geben ihm eine Tasse Tee, streicheln ihm einmal durchs Haar und liegen ihm nicht mit einer Litanei in den Ohren. Für andere Kinder dagegen ist das nicht genug. Sie müssen ihr Herz erleichtern können, müssen es aus sich heraussprudeln lassen und brauchen dazu ein Paar aktiv zuhörende Ohren.

4. Aktives Zuhören

Aktives Zuhören ist eine besondere Form des Zuhörens. Es ist nicht so einfach, in einer Definition zu umreißen, was aktives Zuhören ist. Es lassen sich viele Definitionen geben, und alle sind zutreffend. Aktives Zuhören ist:

- eine Fertigkeit, die sehr gut funktionieren kann, wenn ein Kind ein Problem hat;
- den unausgesprochenen (oder halb ausgesprochenen) Gedanken, Bedürfnissen, Erlebnisweisen des Kindes zuhören und diese in Worte fassen: »Du meinst...?«;
- eine Form des Zwischen-den-Zeilen-Hörens dessen, was das Kind nicht sagt, aber dennoch durchschimmern läßt;
- mit Augen und Ohren gleichzeitig zuhören: Kinder sagen oft nicht, was sie bedrückt, doch an ihrer Körperhaltung, dem Gesichtsausdruck, dem Augenausdruck, ihrer Gebärdensprache läßt sich oft eine ganze Menge ablesen;
- eine Art, das Kind spüren zu lassen, daß man wirklich mit ihm mitempfindet, ihm wirklich zuhört und wirklich versucht, es zu verstehen;
- eine Art, das Kind spüren zu lassen, daß Sie es vollständig akzeptieren und daß Sie es lieben;
- eine Art, dem Kind zu helfen, selbst einen Zugriff auf die eigenen Gefühle, Gedanken, Bedürfnisse und Erlebnisweisen zu erlangen;
- überhaupt die Art, ein Kind wirklich ernst zu nehmen.

5. Verschiedene Arten, Kindern zuzuhören

Was aktives Zuhören wirklich ist, wird erst klar, wenn wir es mit anderen Arten vergleichen, Kindern zuzuhören. Wenn es ums Zuhören geht, lassen sich mindestens drei Varianten denken – nur... sie sind nicht alle drei gleich effizient!

Variante 1: nicht zuhören

Sehen wir uns noch einmal das Beispiel an, das wir zu Anfang dieses Kapitels zitierten: das Gespräch zwischen Arjanne und ihrer Mutter.

> Auf Arjannes Erzählung, was sie an der Biologiestunde und während der Turnstunden störte, hätte ihre Mutter auch reagieren können mit: »Ach was! Dir fällt aber auch wirklich für alles eine Ausrede ein!«
>
> »Das ist unfair!« würde Arjanne wahrscheinlich gerechtfertigterweise antworten. »Es ist keine Ausrede, frag einmal die anderen Mädchen aus meiner Klasse! Wenn ich etwas sage, bezeichnest du das immer als Ausrede – du weißt ja nicht einmal, worum es geht!«
>
> »Wirst du jetzt auch noch eine dicke Lippe riskieren?« könnte Arjannes Mutter sagen. »Gewöhne dir einmal ab, immer das letzte Wort haben zu wollen! Du widersprichst mir in letzter Zeit andauernd. Und jetzt reicht's: Du nimmst wieder an diesen Stunden teil und basta! Und jetzt machst du deine Hausaufgaben!«

Arjanne weiß dem nichts mehr entgegenzusetzen. Das Gespräch mit ihrer Mutter ist auf diese Weise zu einem

Streit geworden, einem Kampf um das letzte Wort – einem Machtkampf. Arjanne hat diesen Kampf verloren. Vielleicht macht sie tatsächlich ihre Hausaufgaben, aber ob sie sich dabei gut konzentrieren kann, bleibt sehr dahingestellt. Vielleicht geht sie künftig auch zum Sport- und Biologieunterricht, doch die Wahrscheinlichkeit ist gering.

Ihr »Verhaltensproblem«, das Versäumen einiger Schulstunden pro Woche, hatte eine tiefere Ursache, an der sich nichts geändert hat. Was sich geändert hat, ist ihre Beziehung mit der Mutter: die hat sich verschlechtert. Ob Arjanne damit geholfen ist, ist wiederum sehr die Frage.

Nicht Zuhören kennt viele Varianten: seufzen, in eine andere Richtung sehen, aufstehen und weggehen, von etwas anderem anfangen, die Worte des Kindes derart verdrehen, daß das Kind dadurch als Lügner erscheint... Nicht Zuhören ist überhaupt die Art und Weise, jemand anderen fertigzumachen. Wenn man nämlich ernsthaft versucht, etwas zu erzählen, etwas Persönliches, und die andere Person zeigt, daß sie einem wirklich nicht zuhören will, dann wird man unsicher. Oder böse, furchtbar böse – weil man sich so machtlos vorkommt!

Eltern, die ihrem Kind nicht zuhören, wenn dieses durchschimmern läßt, daß es etwas gibt, worüber es sprechen will, und zwar etwas Schlimmes, unterminieren damit auf sehr wirkungsvolle Art die Beziehung mit ihrem Kind.

Wenn das Verhaltensproblem eines Kindes ein Alarmsignal für ein tieferliegendes Problem ist und wenn dem Kind einfach nicht zugehört wird, wird das Kind andere Signale suchen müssen, mit denen es klarmacht, daß es Hilfe braucht.

Variante 2: passives Zuhören

Das Gespräch zwischen Arjanne und ihrer Mutter hätte –
vom selben Augenblick an – auch so verlaufen können:

> Mutter: »Sexistisch? Hm. Ich ... verstehe nicht ge-
> nau, was du meinst. Magst du es mir erzählen?«
> Arjanne: »Na, einfach so. Der Sportlehrer ist im-
> mer darauf aus, die Mädchen anzufassen. Beim Sei-
> leklettern muß er angeblich bei allen Mädchen mit
> einer Hand nachhelfen ...«
> »Mutter: »Und dann?«
> Arjanne: »Und dann? Er weiß genau, wohin er
> die Hand legen muß. Mir wird ganz kribbelig von
> dem Kerl!«
> Mutter: »Das kann ich mir vorstellen.«
> Arjanne: »In meiner Klasse gibt es ein paar Gak-
> kerhühner, denen gefällt das – also, mir nicht!«
> Mutter: »Nein ...«

In diesem Gespräch kann Arjanne ihre Geschichte wenigstens erzählen, ohne daß sie unterbrochen oder verurteilt wird, und das ist schon eine Menge wert. Ihre Mutter hört ihr zwar auch zu, doch sie entgegnet wenig.
Arjanne weiß nicht sicher, ob ihre Mutter sie wirklich
versteht. Sie wird sich auch nicht wirklich unterstützt
vorkommen. Passives Zuhören ist eine Form des Zuhörens, bei der der Elternteil zwar zuhört, sich sonst aber
einigermaßen bedeckt hat. Der Elternteil folgt der Geschichte des Kindes und zeigt das ab und zu durch Bemerkungen wie »Ach ja?«, »Junge Junge«, »Erzähl weiter, ich höre dir zu«, »Und dann?«, »Hm«, »Also wirklich!«
Passives Zuhören ist unter bestimmten Umständen
und bei bestimmten Kindern eine ausgezeichnete Art des
Zuhörens. Manche Kinder wollen bloß ihre Geschichte
loswerden. Wenn sie ab und zu mitbekommen, daß man

ihnen (immer noch) zuhört, ist das für sie schon genug. Meistens geht es dann um Dinge, die nicht so sehr emotionsgeladen sind: Wenn Kinder zum Beispiel berichten, was sie auf dem Nachhauseweg von der Schule alles erlebt haben (und es gibt Kinder, die täglich alles mögliche erleben!), funktioniert passives Zuhören ausgezeichnet.

Passives Zuhören kann auch eine Phase innerhalb eines Gesprächs sein: Vorübergehend, einige Minuten lang hören Sie dem Kind passiv zu, sagen zunächst selbst nichts und geben dem Kind die Gelegenheit, seine Sache vorzutragen. Wenn sich dann herausstellt, daß das Kind wirklich ein (emotionsbeladenes) Problem hat, können Sie immer noch auf eine aktivere Art des Zuhörens umschalten.

Variante 3: aktives Zuhören

Hätte Arjannes Mutter wirklich aktiv zugehört, wäre das Gespräch so verlaufen:

> Mutter: »Sexistisch? Du meinst... daß die Lehrer beide sexistische Bemerkungen machen?«
>
> Arjanne: »Uff! Wenn es dabei bliebe...«
>
> Mutter: »Du meinst, sie machen nicht bloß Bemerkungen, sondern tun noch mehr?«
>
> Arjanne: »Ja! Der Sportlehrer kann die Finger nicht bei sich behalten. Angeblich muß er bei allen Mädchen immer mit einer Hand nachhelfen! Wenn das mit einer Hand nachhelfen sein soll...«
>
> Mutter: »Du hast das Gefühl, daß er dich richtig... betastet?«
>
> Arjanne: »Ja, etwas in der Art.«
>
> Mutter: »Und das nervt dich so richtig?«
>
> Arjanne: »Ja. Natürlich. Das würde dir doch auch so gehen?«

Mutter: »Du fragst dich, wie ich das finden würde? Ich glaube, das würde mich auch schrecklich stören! Aber... es erschreckt mich auch, wenn ich das jetzt höre. Wenn ich recht verstehe, läßt du die beiden Stunden deswegen immer ausfallen?«

Arjanne: »Ja, genau – ich will das nicht, dieses Getue!«

Mutter: »Und du versuchst mir klarzumachen, daß sich an diesem... ›Getue‹ auch wirklich was ändern muß, damit du wieder zum Unterricht gehst?«

Arjanne: »Ja, ich sitze dort, um etwas zu lernen. Und Biologie brauche ich für mein Abitur. Aber nicht auf so eine Art.«

Mutter: »Wollen wir uns also einmal überlegen, was sich daran tun läßt? Wie wir das angehen müssen?«

Arjanne: »In Ordnung.«

Arjannes Mutter nimmt sich genügend Zeit und Ruhe, ihrer Tochter zuzuhören. Sie steht nicht mit ihrem Urteil bereit, sondern erkundet ruhig die Situation. Sie dringt nicht in ihre Tochter, damit diese die ganze Geschichte erzählt, denn dann hätte sie sich womöglich verschlossen. Sie hört zu, und zwar sehr engagiert und aktiv. Sie hört auf das, was Arjanne sagt, sie hört auf den Klang von Arjannes Stimme und beobachtet Mienenspiel und Gebärden ihrer Tochter. Dadurch bekommt sie einen Eindruck dessen, was ihre Tochter erlebt hat. Diesen Eindruck widerspiegelt sie gewissermaßen. Das tut sie, indem sie fragt, denn ihr Eindruck kann falsch sein – und dann kann Arjanne ihn korrigieren.

Ein Wörtchen ist bei aktivem Zuhören von allergrößter Wichtigkeit. Es ist das Wörtchen »du«.

– »Du meinst...?«
– »Du fühlst dich...?«
– »Du hast das Gefühl, daß...?«

- »Du würdest am liebsten wollen...?«
- »Du versuchst mir klarzumachen, daß...?«

Wenn Eltern mit dem Wörtchen »du« anfangen, hören sie fast von selbst aktiv zu. Sie lassen mitschwingen, daß sie ihrem Kind wirklich zuhören und daß sie »bei dem Kind bleiben« (anders gesagt: nicht ihrer eigenen Gedankenspur folgen, sondern umschalten auf das, was das Kind ihnen klarzumachen versucht).

Aktives Zuhören ist eine Fertigkeit, die sehr gut funktionieren kann, wenn ein Kind ein Problem hat und wenn Eltern ihrem Kind dadurch, daß sie mitfühlen und mitdenken, wirklich und aufrichtig helfen wollen, dieses Problem zu lösen.

6. Aktives Zuhören allein ist nicht genug

Wenn Verhaltensprobleme von Kindern ihre Ursache in tieferliegenden Problemen haben, ist aktives Zuhören ein ausgezeichneter Türöffner, aber es muß noch mehr geschehen! Das Verhalten des Kindes ist nicht umsonst ein Alarmsignal: Das Kind deutet damit an, daß es selbst keine Lösung für seine Probleme weiß – es braucht dringend Hilfe.

In bestimmten Fällen können Eltern ihrem Kind bei der Suche nach einer Lösung helfen. Dabei sind die drei bereits genannten Eigenschaften – Echtheit, Akzeptanz und Sich-hinein-Versetzen – von großer Wichtigkeit, doch hinzu kommt aber auch noch etwas anderes: Eltern sind keine professionellen Psychologen oder Sozialarbeiter. In einem schwierigen Gespräch mit ihren Kindern dürfen Eltern sich nicht von allerlei komplizierten Gesprächsschemata, von Drehbüchern und Theorien einengen lassen.

Deshalb erarbeiten wir in diesem Buch kein kompliziertes Modell für ein hilfreiches Gespräch zwischen Eltern und Kindern. Wohl geben wir einige Hilfestellungen für ein Gespräch mit einem Kind, das Probleme hat. Ein solches Gespräch kann aus drei einfachen Schritten bestehen:

* *Schritt 1: Versuchen Sie, sich ein Bild von der Situation zu machen, in der das Kind steckt.* Um gut und wirkungsvoll mit einem Kind mitdenken zu können, ist es von großer Wichtigkeit, genau zu wissen, was los ist. Vielen Kindern fällt es schwer, über ihre Probleme zu sprechen, sie neigen zur Verschlossenheit, wenn Sie ihnen zu sehr aufs Fell rücken ...

Um sich ein Bild von der Situation zu verschaffen, in der ein Kind steckt, werden Eltern nicht nur Fragen stellen müssen – sie werden vor allem auch aktiv zuhören müssen, um dem Kind das sichere und geborgene Gefühl zu geben, daß lediglich mit ihnen mitempfunden wird, nicht aber, daß sie verurteilt oder abgelehnt werden. Die Versuchung kann groß sein, hinter dem Rücken des Kindes mit anderen zu sprechen (Lehrkräften, Freunden etc.), um dahinterzukommen, was tatsächlich vorliegt. Kinder empfinden das zu Recht als Verrat. Wenn mit anderen geredet werden soll, dann muß das Kind das wissen.

* *Schritt 2: Versuchen Sie, dahinterzukommen, was das Kind selbst als die wünschenswerteste Lösung betrachtet.* In Gesprächen mit ihren Kindern haben Eltern mitunter die Neigung, sehr schnell mit eigenen Ratschlägen und Lösungen anzukommen und diese anschließend als die Lösung des Problems überhaupt zu betrachten. So klappt es meistens nicht. Das Kind wird rasch das Gefühl bekommen, daß ihm etwas »aufgeschwatzt« wird, und das kann Widerstand hervorrufen und das Gespräch blockieren.

Viel besser ist es – sobald klar ist, wo genau das Problem liegt –, das Kind zu fragen, was es sich vielleicht schon selbst ausgedacht oder vielleicht gar schon ausprobiert hat, um das Problem aus der Welt zu schaffen. Fragen Sie das Kind einfach: »Ob es dafür wohl eine Lösung gibt? Was könnte man wohl tun? Hast du selbst vielleicht eine Idee?«

Es ist verblüffend, wie gut Kinder mit so einer Frage umgehen können! Oft kommen schon recht bald allerlei Lösungsvorschläge dabei heraus.

Gehen Sie auf diese Vorschläge ein: Betrachten Sie sie nötigenfalls nacheinander mit dem Kind, fragen Sie, was es selbst davon hält, welche Lösung ihm als die beste erscheint. Und denken Sie selbst dabei mit. Denken Sie nötigenfalls laut: Was für eine Auswirkung kann eine Lösung haben, würde das wirklich eine Lösung sein, oder würde sie vielleicht wieder neue Probleme verursachen? So wird letztendlich etwas als mögliche Lösung ausgewählt, das sowohl den Eltern als auch dem Kind sinnig erscheint.

Schritt 3: Helfen Sie dem Kind, diese Lösung umzusetzen. Eine Lösung zu finden ist eines, aber diese Lösung in die Praxis umzusetzen ist oft viel schwieriger. Wenn Eltern zum Beispiel zusammen mit ihrem Kind über eine Möglichkeit nachgedacht haben, wie es auf das Beschimpft- oder Gehänseltwerden durch andere Kinder reagieren soll, dann kann die ausgedachte Reaktion vielleicht sehr gut sein – aber wird das Kind sie auch in der Praxis zu äußern wagen?

Manchmal ist es gut, das ein wenig zu üben, manchmal ist es nötig, noch ein wenig länger miteinander zu sprechen. In jedem Fall ist wichtig, mit dem Kind die Verabredung zu treffen, gemeinsam noch einmal zu überprüfen, ob diese Lösung durchführbar war und gut funktioniert hat.

Ein solches Gespräch verlangt von Eltern allerdings einiges. Nicht nur müssen sie ehrlich und bereitwillig sein und sich in das Kind hineinversetzen, sondern sie müssen auch eine gewisse Distanz gegenüber den Problemen des Kindes wahren können. Wenn Eltern selbst emotional sehr in diese Probleme verstrickt sind, wird es sie viel mehr Mühe kosten, ein derartiges Gespräch zu führen. Doch wenn Eltern das können, werden sie mit einem solchen Gespräch ihrem Kind einen enormen Dienst erweisen. Nicht nur helfen sie ihrem Kind wirklich, sondern außerdem – und das ist viel wichtiger – machen diese Eltern ihrem Kind klar, daß sie als Ansprechpartner zur Verfügung stehen. Selbst wenn das Gespräch nicht untadelig verläuft: Diese Botschaft erreicht das Kind bestimmt und bleibt ihm vielleicht sein Leben lang in kostbarer Erinnerung. Und außerdem steht für ein solches Kind dann eine Tür offen: Es weiß, daß es sich an seine Eltern wenden kann, wenn es in Problemen steckt ...

V. Hilfe bei der Lösung von Verhaltensproblemen

Einleitung

Verhaltensprobleme von Kindern können hartnäckig sein und sind oft nur schwer lösbar. In manchen Fällen gelingt es den Eltern, mit ihrem Kind in einer Weise zu sprechen, daß die Probleme damit aus der Welt geschafft sind. Doch so einfach ist es längst nicht immer. Dann ist weitere Hilfe nötig, und es empfiehlt sich, diese möglichst schnell zu suchen. In diesem Kapitel wird pauschal angegeben, wohin Eltern sich wenden können, wenn sie selbst nicht mehr weiter wissen.

1. Weshalb sind diese Verhaltensprobleme so hartnäckig?

In Fürsorgeeinrichtungen melden sich oft Eltern, die wirklich am Ende ihrer Weisheit angelangt sind. Das Verhalten ihres Kindes ist für sie allmählich zu einem unbegreiflichen und unlösbaren Problem geworden. Professionellen Helfern ist natürlich auch nicht sofort klar, was in diesen Fällen vorliegt. Sie werden Zeit brauchen, herauszufinden, was das Verhaltensproblem des Kindes verursacht hat – häufig noch wichtiger: was es lebendig hält.

Warum bleiben manche Kinder von klar formulierten Forderungen oder einem deutlichen Nein gänzlich unbeeindruckt? Warum hören sie trotz aller Aufmerksamkeit für andere, akzeptable Verhaltensweisen nicht auf, die Schule zu schwänzen, zu stehlen, zu lügen, ins Bett zu nässen, Dinge kaputtzumachen, andere einzuschüchtern, unfolgsam zu sein, den Herrn im Haus zu spielen, alles unaufgeräumt herumliegen zu lassen oder was dergleichen mehr sei? Einen möglichen Grund hierfür haben wir gesehen: Ein tiefer liegendes Problem mag die Ursache sein.

Doch kann es noch viel mehr Gründe geben. Zur Illustration nachfolgend einige Beispiele:

Sind Sie nicht deutlich genug gewesen?

Der naheliegendste Grund, weshalb Kinder nicht tun, was die Eltern wollen, ist, daß die Eltern ihrerseits nicht klar genug gewesen sind. Grenzen zu setzen ist nun einmal keine Fertigkeit, die uns allen von Natur aus zur Verfügung steht! Dem einen fällt das etwas leichter als dem anderen.

Viele Eltern meinen, sie seien klar und deutlich gewesen, doch wenn man sie fragt, was genau sie gesagt oder getan haben, liegt die Klarheit gelegentlich in weiter Ferne.

Manchmal geben Eltern eine Grenze an, die sie anschließend durch ihr eigenes Vorbildverhalten sofort wieder ad absurdum führen. Einmal saß ich dabei, wie eine Mutter zu ihrer Tochter sagte: »Du hast jetzt drei Gläser Cola getrunken – das reicht. Bring die Flasche wieder in die Küche.« Während die Tochter aufstand und zur Küche ging, goß die Mutter sich noch ein Gläschen Sherry ein – das vierte an diesem Nachmittag. Aus der Küche erklang einige Sekunden später, deutlich hörbar, das Zischen der Colaflasche ...

Manchmal ist die Wortwahl der Eltern eine Quelle der Unklarheit für die Kinder. Mit Aussagen wie »Muß das denn sein?« oder »Meinst du vielleicht, mir gefällt das, wenn du das machst?« werden höchstens halbe Grenzen angegeben.

Zum Glück gibt es haufenweise Kinder, die gute Zuhörer sind und an einem halben Wort genug haben. Aber viele Kinder kommen mit halb-klaren Botschaften wirklich nicht zurecht, sie verlangen völlige Klarheit!

Wenn das Problem darin liegt, kann dieses Buch weiterhelfen.

Gibt es Spannungen zwischen den Eltern?

Viel schwieriger ist es, wenn die Eltern nicht klar sein können, weil sie selbst – unbewußt vielleicht – in ihrem Leben mit Unklarheiten und Unsicherheiten zu kämpfen haben.

Das Märchen von der harmonischen Ehe und dem warmen, immer sicheren Nest für die Kinder wird täglich aufs neue zunichte gemacht: Die Zahl der Scheidungen ist und bleibt gigantisch; die Zahl der Ehen, die, für die Außenwelt unsichtbar, unter Hochspannung stehen, ist noch viele Male größer.

Eltern, die Probleme miteinander haben, können diese nicht zu hundert Prozent vor den Kindern verborgen halten. Kinder merken es, spüren es, wenn zwischen ihren Eltern etwas nicht stimmt.

Kindertherapeuten weisen oft darauf hin, daß Kinder mit Verhaltensproblemen sich eigentlich die Probleme ihrer Eltern auf die Schulter laden. Manchmal scheint es, als versuchten Kinder, mit ihren Verhaltensproblemen von den Problemen zwischen den Eltern abzulenken. So als wollten sie sagen: »Seht mich an, ich bin der Problemfall. Wenn ihr mich anseht, seht ihr nicht, daß das wirkliche Problem bei meinen Eltern liegt!«

Für Eltern kann es ein großer Schreck sein, wenn sie das herausbekommen, denn meistens sind sie sich gar nicht bewußt, daß die Spannungen zwischen ihnen für das Kind so deutlich sichtbar sind. Und meistens haben sie auch nicht im entferntesten daran gedacht, daß ihr Kind mit seinem Verhalten die ganze Zeit als Blitzableiter fungiert hat.

Eltern, die in der eigenen Beziehung mit großen Unsicherheiten und Unklarheiten zu kämpfen haben, können ihren Kindern nicht die Sicherheit bieten, die die Kinder brauchen. Darum ist es sehr wichtig, diese eigenen Beziehungsprobleme rasch anzugehen, weil sonst die Kinder dabei wirklich unter die Räder geraten.

Hilfe ist vielerorten zu finden. Manchmal können gute Freunde helfen (allerdings müssen das schon sehr gute Freunde sein!); manchmal gibt es eine weitere Vertrauensperson im eigenen Umfeld. Auch der Hausarzt kann bei derartigen Problemen hinzugezogen werden und notfalls den Weg zu einer Paartherapie weisen.

Braucht Ihr Kind eine eigene Gebrauchsanweisung?

Alle Kinder werden mit einer ganz persönlichen Kombination von Anlagen und Temperament geboren. Sogar bei Säuglingen lassen sich schon deutliche Charakterunterschiede entdecken. Es gibt zum Beispiel sehr »pflegeleichte« Babys, die fast immer gut gelaunt sind, die wenig weinen und sehr regelmäßig im Essen und Schlafen sind. Dann gibt es auch ganz schwierige Babys, die bei dem geringsten Anlaß weinen, oft schlecht gelaunt sind und unregelmäßig essen und schlafen. Es gibt auch sogenannte »go-slow«-Babys, die schon jede kleine Veränderung sehr verunsichert: Sie weinen, wenn sie ins Bettchen gelegt, und weinen, wenn sie herausgenommen werden, sie weinen, wenn ihnen die Nägel geschnitten werden, und sie geraten in Panik, wenn der Babysitter sich als Fremder herausstellt. Diese Kinder brauchen vor allem Zeit, sich an bestimmte Situationen zu gewöhnen.

Ein solches Temperament, ein solcher kleiner Charakter kann durch den Umgang und den Erziehungsstil beeinflußt werden – positiv oder negativ. Es gibt Beispiele von ausgesprochen schwierigen Babys, die durch einen sehr engen Kontakt zu den Eltern im ersten Lebensjahr langsam aber sicher etwas weniger schwierig wurden. Doch bleiben Charakterunterschiede sichtbar, auch wenn die Kinder heranwachsen. So kann das eine Kind ausgesprochen viel Freude darin finden, alles auf den Kopf zu stellen, während für das andere Kind jeder Tag genau nach Schema verlaufen muß. Das eine Kind hat ein großes Verantwortungsgefühl und entsprechend viel Geltungsdrang und Pflichtbewußtsein, während das andere Kind als fröhlicher Leichtfuß durchs Leben geht.

Eltern können den Charakter und das Temperament ihres Kindes meist sehr gut beschreiben, was aber nicht immer sogleich bedeutet, daß sie auch genau wissen, was das wünschenswerteste Auftreten gegenüber diesem Kind ist.

Außerdem kann es bisweilen unmöglich sein, dem Kind genau das zu geben, was sein kleiner Charakter erfordert. Wenn ein Kind ein sehr ruhiges, regelmäßiges Leben verlangt und wenn die Eltern selbst – etwa durch berufliche Umstände – nicht so regelmäßig leben können, führt diese Kombination zu sehr vielen Problemen!

Wenn Verhaltensprobleme mit Temperament oder Charakter des Kindes zusammenhängen, sind sie eher zu verändern. Ein sehr konsequentes Auftreten zu Hause und auch in der Schule kann das Verhalten bedingt beeinflussen. Doch wenn die Verhaltensprobleme wirklich zu groß werden und das Kind eigentlich nicht mehr zu bändigen ist, ist die Gefahr groß, daß die Beziehung in eine Sackgasse gerät. Dann muß etwas geschehen, um zu verhindern, daß die Situation wirklich unhaltbar wird. Hier kann zum Beispiel eine spezielle Schule (eine Schule für sehr schwer erziehbare Kinder) angesagt sein. Im äußersten Fall muß sogar an eine (vielleicht nur vorübergehende) Entfernung aus dem Elternhaus gedacht werden. Viele Kinder blühen sichtlich auf, wenn sie einige Monate in einem Kinderheim verbringen, viele Eltern in der gleichen Zeit womöglich noch mehr!

Kann das Kind überhaupt anders?

Jedes Jahr wird eine große Zahl von Kindern mit einer leichten Hirnschädigung geboren. Diese Kinder haben oft – fast »von Natur aus« – einen sehr schwierigen Charakter. Eine leichte Hirnschädigung kann auf vielerlei Weise entstehen: durch die Einnahme von Medikamenten während der Schwangerschaft, durch eine zu frühe Geburt, durch eine Infektion während der Schwangerschaft oder direkt nach der Geburt, durch einen gestörten Hormonhaushalt während der Schwangerschaft, durch Sauerstoffmangel während der Geburt. Gründe, an denen die Eltern in jedem Fall nicht »schuld« sind!

Das Kind hat meistens dennoch darunter zu leiden und verursacht auch die entsprechenden Probleme. Kinder mit einer leichten Hirnschädigung sind äußerlich nicht zu erkennen, sie können auch eine ganz normale Intelligenz haben. Doch sind sie oft plump in ihren Bewegungen, haben wirklich zwei linke Hände, und das kann im Alltag ganz schön störend sein! Sie können auch Konzentrationsprobleme haben – das leiseste Geräusch, eine kleine Bewegung kann sie schon vollkommen ablenken. Sie sind oft hyperaktiv, weil sie auf jeden Reiz reagieren.

Das Gehör eines solchen Kindes mag tadellos sein, und doch hört es nicht genau, was gesagt wird, und behält es nur zur Hälfte. Seine Umgebung betrachtet es deshalb auch oft als ungehorsam, als ein Kind, das nicht hören will. Hinzu kommt, daß manche Kinder mit einer leichten Hirnschädigung sehr ungehemmt erscheinen, fast zügellos. So ein Kind »platzt« gewissermaßen mitten in das Spiel anderer Kinder, bloß weil es Lust hat mitzumachen. Andere sind wiederum übersensibel, sie leiden unter ihrer Ungeschicklichkeit und entwickeln Versagensängste; sie meiden Kontakte und wagen es nicht, mitzumachen.

Klarheit beim Sprechen, Klarheit beim Aufstellen von Regeln und Grenzen und ein sehr konsequentes Auftreten, kombiniert mit einer großen Menge an Wärme und Geduld, können diesen Kindern zum Teil über ihre Behinderung hinweghelfen.

Das Verhalten dieser Kinder ist oft lästig und problematisch, doch es ist kein Verhaltensproblem im wörtlichen Sinn. Diese Kinder hören und gehorchen zum Beispiel wohl, wenn immer nur eine Sache zur gleichen Zeit von ihnen verlangt wird. »Aufräumen, Hände waschen und Jacke überziehen« ist zuviel für sie. Zuerst also »aufräumen«, und wenn das mit einiger Hilfe gelungen ist, kann der nächste Auftrag kommen: »Und jetzt Hände waschen.« Erst wenn das ganz erledigt ist, heißt es zuletzt: »Jacke überziehen«. Und zwischen jedem Akt erklingt ein ganz deutliches »Gut so!« zur Belohnung.

Spielt die innerfamiliäre Stellung des Kindes eine Rolle?

Manchen Kindern wird innerhalb der Familie eine bestimmte Rolle oder Position zugewiesen. Das geht nicht vom einen Tag auf den anderen, es geschieht meistens auch nicht bewußt – so etwas entsteht allmählich und nahezu unbemerkt.

Diese Rolle oder Position kann eine sehr unschuldige sein, aber auch ihr Teil zu eventuellen Verhaltensproblemen beitragen. So werden älteste Kinder öfters mit zusätzlicher Verantwortung belastet. Sie müssen regelmäßig auf das kleinere Geschwister aufpassen. Besonders in Familien mit nur einem Elternteil kann das Anlaß zu Reibungen geben. So ein Kind kann sich quasi als Ersatz für den abwesenden Elternteil betrachten und die dazugehörenden Privilegien für sich einfordern. Das kann dann zu »herrischem« Verhalten führen oder dazu, daß das Kind nicht mehr gehorchen will.

Andere Kinder bekommen durch eine Folge kleinerer Ereignisse allmählich die Rolle des schwarzen Schafs in der Familie (das Kind, das die Ursache aller Probleme ist), oder die des Clowns. Oder die Rolle des Genies, das alles weiß.

Eine solche Rolle kann auf die Dauer einengen und zu einer Art Zwangsjacke werden. Kein Kind kann schließlich fortwährend die Verantwortung für seine jüngeren Geschwister tragen. Kein einziges Kind will lediglich als Clown gesehen werden. Und auf Dauer ist es auch für den kleinen Einstein hinderlich und belastend, daß alle so hohe Erwartungen in ihn setzen!

Wenn kindliche Verhaltensprobleme mit der Rolle oder Position des Kindes innerhalb der Familie zusammenhängen, sind sie nur schwer ohne Hilfe von außen zu durchbrechen. Besonders für Eltern ist es schwer, in einem solchen Fall die Situation zu beeinflussen: Schließlich haben sie, vielleicht unbeabsichtigt und ohne es zu merken, ihr Teil dazu beigetragen, daß das Kind jetzt in dieser bedrängten Lage steckt. Wenn das Kind sich den Forderungen entsprechend verhält, die zu seiner Rolle gehören, ist es eigentlich ein sehr gehorsames Kind. Und wer wollte Gehorsam bestrafen? Eine komplexe Situation für Eltern; in vielen Fällen bedarf es der Unterstützung von außen, um der Familie zu helfen, die Rollen neu zu verteilen!

2. Wann ist es ratsam, Hilfe zu suchen?

Wenn kindliche Verhaltensprobleme mit tieferliegenden Problemen des Kindes zusammenhängen, können die Eltern ihrem Kind in bestimmten Situationen sehr gut zuhören und mit ihm über eine Lösung nachdenken. Das ist zum Beispiel der Fall, wenn es um Probleme geht, die Kinder in der Schule oder im Verhältnis zu ihren Altersgenossen haben.

Doch es gibt Situationen, in denen es nicht ratsam ist, daß die Eltern selbst versuchen, dem Kind zu helfen. Manchmal ist es besser, direkt Hilfe von außen hinzuzuziehen.

Das Hinzuziehen von Hilfe bei der Lösung von Problemen in der Erziehung von Kindern ist lange Zeit hindurch von vielen Eltern als Schande betrachtet worden: Mit den eigenen Schwierigkeiten hatte man selbst fertigzuwerden, und vor anderen die schmutzige Wäsche waschen – das tat man auch nicht so rasch! Diese Zeiten scheinen in gewisser Hinsicht vorüber, denn immer mehr Eltern greifen auf Beratungs- und Fürsorgeinstanzen zurück. Es gilt mehr und mehr als »normal«, Hilfe zu suchen, wenn man selbst keinen Ausweg mehr weiß. Das ist eine gute Sache, denn mit Kindern einfach so »weiterzuwursteln« kann gefährlich sein: Die Beziehung zu dem Kind kann völlig scheitern und seine Entwicklung ernsthaft bedroht sein, wenn schwerwiegende Probleme ungelöst bleiben.

Beratungs- und Therapieeinrichtungen verfügen nicht über Zaubermittel und magische Formeln, mit denen sich Schwierigkeiten blitzschnell beheben ließen, doch professionelle Helfer können gemeinsam mit Eltern und Kindern nachdenken. Manchmal hilft es schon, einfach alles einmal aufzulisten, manchmal bedarf es anderer, weitergehender Hilfe. Hilfe hinzuzuziehen braucht auch nicht immer zu bedeuten, zu einer Fachfrau, einem Fachmann zu gehen. Manchmal vermögen andere Eltern aus dem eigenen Umfeld sehr gut zu helfen, insbesondere Eltern, die ähnlich geartete Erfahrungen mit ihren Kindern gemacht haben.

In folgenden Situationen ist es sicher ratsam, Hilfe von außen hinzuzuziehen:

* wenn das Verhaltensproblem des Kindes von einem tiefer liegenden Problem verursacht wird, das *die Eltern emotional stark betrifft;*
* wenn die Eltern das Gefühl haben (oder bestimmt wissen), daß bei dem Kind schwerwiegende Probleme vorliegen, doch jedesmal, wenn sie darüber sprechen wollen und ihrem Kind aktiv zuhören, *verschließt es sich;* die Eltern rennen sozusagen immer wieder gegen eine Mauer;
* wenn *Eltern selbst verantwortlich oder mitverantwortlich* sind für die entstandenen Probleme, oder wenn sie sich verantwortlich und schuldig fühlen;
* wenn Eltern wirklich *nicht verstehen,* woher das problematische Verhalten ihres Kindes kommt oder womit es zusammenhängt, und wenn das Kind diesbezüglich auch keine Klarheit verschaffen kann;
* wenn Problemlösungsversuche immer Anlaß zu *Streitigkeiten mit dem Kind* sind.

Alle diese Situationen bedeuten schlechte Ausgangspositionen für ein gutes Gespräch: Wenn Sie die eigenen Emotionen nicht recht unter Kontrolle haben, können Sie Ihrem Kind auch nicht recht helfen; wenn Ihr Kind sich verschließt, kommen Sie nicht nur nicht weiter – wahrscheinlich nehmen auch die wechselseitigen Irritationen zu. In einem solchen Fall kann ein neutraler Außenstehender – ein Familientherapeut, ein Kindertherapeut, der Schulpsychologe, eine Erziehungsberatungsstelle, der Schul- oder Kinderarzt – vielleicht das Muster durchbrechen, das zu entstehen droht.

VI. Ist es möglich, Verhaltensprobleme zu verhindern?

Einleitung

Hilfe suchen, wenn Kinder schwerwiegende Verhaltensprobleme an den Tag legen, ist eine Möglichkeit. Viel besser ist natürlich, wenn man versucht, diesen Verhaltensproblemen einen Schritt zuvorzukommen. Dazu bedarf es keiner Zauberformeln, sondern einer guten Beziehung sowie einer guten, klaren Kommunikation mit Kindern.

In diesem Kapitel betrachten wir eine Reihe von Möglichkeiten, die Beziehung mit einem Kind in Ordnung zu bringen und so zu erhalten. Fünf sehr wichtige Empfehlungen werden dabei erläutert. Eine Garantie, daß damit sämtliche Verhaltensprobleme für immer zu vermeiden wären, bedeutet dies jedoch nicht. Doch wer diese fünf Lebensregeln befolgt, entwickelt garantiert eine gute Beziehung zu seinem Kind. Und welche Eltern wollten das nicht?

In einer solchen guten Beziehung braucht ein Kind jedenfalls nicht zu versuchen, über Verhaltensprobleme auf sich aufmerksam zu machen – Aufmerksamkeit bekommt das Kind von selbst, ohne daß es Kapriolen machen muß.

1. Fangen Sie beim Anfang an:
Ein enger Kontakt mit dem Baby

Ich war eine Zeitlang als Redakteur bei einer Monatszeitschrift für Eltern angestellt. In dieser Zeit hatte ich das Glück, eine Studienreise zu einer Reihe bekannter Fachleute in verschiedenen Ländern machen zu können. Ich besuchte insbesondere Experten, die die Beziehung zwischen Mutter (Eltern) und Baby studierten.[*] Ich sprach unter anderem mit Colwyn Trevarthen in Schottland, mit Heidelise Als in Boston, mit Daniel Stern, Alexander Thomas und Stella Chess in New York, mit Dr. Carey in Philadelphia sowie mit Marian Riksen-Walraven in den Niederlanden. Alle diese Leute erforschen schon seit Jahren das Verhalten von Säuglingen und die Wechselwirkung zwischen Säuglingen und ihren Müttern, die Reaktionen von Babys auf fremde Menschen und fremde Situationen, die Charaktere und Temperamente von Babys.

Sie sind nicht die einzigen, die sich mit wichtigen Forschungen in bezug auf Babys beschäftigen: Vielerorts in der ganzen Welt versuchen Fachleute von verschiedenen Gesichtspunkten her jenes große Puzzle zusammenzusetzen: das Geheimnis dieses intimen Zusammenspiels mit einem Säugling.

Die Körpersprache von Säuglingen und...

Professor *Colwyn Trevarthen* in Schottland zum Beispiel macht in seinem Laboratorium Videoaufnahmen von Müttern, die mit ihrem Baby sprechen und spielen, und studiert Bild für Bild, was genau zwischen ihnen ge-

[*] Ein Bericht über diese Studienreise findet sich in einer Reihe von Artikeln in der niederländischen Monatszeitschrift *Kinderen*, September – Dezember 1981.

schieht: Wer fordert wen heraus? Erkennt die Mutter die Signale ihres Babys? Wie reagiert sie darauf? Wie reagiert das Baby auf die Signale der Mutter?

Aus den Studien Trevarthens geht hervor, daß Babys eigentlich sehr soziale kleine Wesen sind. Sie verfügen über eine Vielzahl sozialer Fertigkeiten. Zum Beispiel können sie sich gegen einen allzu intensiven Kontakt abschirmen, indem sie die Augen geschlossen halten. In den ersten Wochen nach der Geburt, wenn sie noch nicht zu einem intensiven Augenkontakt bereit sind, schließen sie sich somit auch einen Großteil der Zeit von der Umwelt ab. Doch im Alter von etwa drei Monaten öffnen sie sich zusehends: Dann schauen sie Vater oder Mutter mit großen Augen an und zeigen sehr deutlich, wozu sie Lust haben und was ihnen gefällt: ein Kitzelspiel, ein Greifspiel, bei dem sie mit beiden Händchen Vaters oder Mutters Gesicht fassen müssen – oder aber ein Weilchen Ruhe.

Die Signale, die ein Säugling aussendet, sind fast nicht mißzuverstehen: Sieht das Baby Ihnen gerade in die Augen, so »untersucht« es Ihr Gesicht; schaut ein Baby Sie ein bißchen von der Seite an und lacht dabei, ist ihm sehr danach, am Bauch gekitzelt zu werden; sieht das Baby abrupt zur anderen Seite, so unterbricht es im Grunde den Kontakt – Funkstille! Ein Baby, das voller Aufmerksamkeit an seinem Daumen lutscht, ist offenbar mit sich beschäftigt, und wer mit sich selbst beschäftigt ist, möchte meist ein Weilchen in Ruhe gelassen werden.

Eltern, die diese »Körpersprache« ihres Babys gut verstehen und auch gut darauf eingehen – also: Schmusen zu seiner Zeit, und zu seiner Zeit damit aufhören –, werden am wenigsten Ärger mit ihren Babys haben. Unnötiges Weinen und Gequengel lassen sich so sehr leicht verhindern.

Für die Körpersprache von Säuglingen gibt es kein Wörterbuch, aber sie ist ja auch keine Fremdsprache, die in der Schule gelernt werden müßte: Eltern, die ein Auge

145

für die Stimmungen und Bedürfnisse ihres Babys haben, lernen ganz von selbst, diese Signale zu erkennen.

... und die natürliche Reaktion der Eltern?

Aus den Forschungen von Dr. *Daniel Stern* geht hervor, daß Eltern oft von Natur aus sehr gut auf ihr Baby eingehen. Anhand von Fotos, Filmen und Videoaufnahmen studiert Dr. Stern unter anderem, was Eltern mit ihrer Stimme und mit ihrem Gesicht tun, wenn sie mit ihrem Baby »reden«.

Die Wahrnehmung bei Babys ist noch nicht so weit entwickelt wie die Wahrnehmung bei Erwachsenen. Ein wenige Wochen altes Baby sieht zwar grob, daß ein Gesicht ein Gesicht ist, doch ist das für das Baby eigentlich noch nicht mehr als eine merkwürdige Komposition dunkler und heller Flecken. Einzelheiten sieht es noch nicht. Wir dagegen können aus einer Entfernung von mehreren Metern an einer Kleinigkeit in jemandes Gesichtsausdruck sehen, in welcher Stimmung die betreffende Person sich gerade befindet: ein niedergeschlagener Blick, ein Fältchen um die Mundwinkel verraten uns dies.

Babys sehen das alles noch nicht. Doch sie sind lebhaft interessiert an diesen immer wieder über der Wiege erscheinenden »hellen und dunklen Flecken«. Wenn Eltern wollen, daß das Baby sieht, daß sie es anlächeln, werden sie also dafür sorgen müssen, daß ihr Mund besonders groß wird – ein sichtbar größer, dunkler Fleck für das Baby. Wenn sie wollen, daß das Kind sieht, daß sie es anschauen, werden sie die Augenbrauen mehr hochziehen müssen, als wenn zum Beispiel ein anderer Erwachsener sehen soll, daß man ihn anschaut. Und was stellt sich heraus? Alle Eltern, die mit ihrem zwei oder drei Monate alten Kind sprechen, tun das ganz von selbst!

Das gleiche geschieht beim Sprechen. Wenn wir jemandem etwas erzählen, bauen wir immer kurze Pausen ein, so daß der andere die Möglichkeit hat zu reagieren. Babys reagieren natürlich weniger schnell als Erwachsene. Was ist hier also gefragt? Längere Pausen zwischen den Sätzen, den Wörtern. Und sämtliche Eltern bauen, wenn sie mit ihrem Baby reden, automatisch längere Pausen ein!

Während eines unserer Gespräche berichtete mir Dr. Stern, daß aus seinen Forschungen hervorgeht, daß jeder Mensch so auf Babys reagiert, von Natur aus. Nicht nur Eltern, sondern auch Großeltern, Onkel und Tanten, Nachbarn und sonstige Erwachsene ziehen die Augenbrauen und Mundwinkel besonders stark hoch, wenn sie das Baby anblicken und Kontakt mit ihm aufnehmen wollen. Es gibt nur zwei Kategorien von Müttern, die den Untersuchungen Dr. Sterns zufolge das nicht aufbringen können: Mütter, die in zu jungem Alter ein Kind bekommen haben (als Vierzehn- bis Fünfzehnjährige, wenn sie selbst noch fast Kind sind), und Mütter, die ihr Kind als absolut unerwünscht abweisen und es überhaupt nicht akzeptieren können.

Ein enger Kontakt kann behindert werden!

Hunderte von Kindern hat das inzwischen alt gewordene Ehepaar *Alexander Thomas und Stella Chess* in ihrem Werdegang verfolgt, von der Geburt bis Jahre danach. Sie entdeckten etwas sehr Beruhigendes für Eltern, die gern einen engen Kontakt zu ihrem Baby aufbauen möchten, aber das Gefühl haben, immer wieder etwas falsch zu machen.

Thomas und Chess entdeckten, daß Babys mit sehr unterschiedlichem Temperament zur Welt kommen; etwas, woran keine Mutterliebe etwas ändern kann.

Im Gespräch mit den beiden Forschern bekam ich von Alexander Thomas zu hören: »Die Theorie, daß Verhaltensprobleme von Kindern immer den Eltern anzulasten sind, stammt aus den dreißiger Jahren! Diese Theorie hat viel Einfluß gehabt, nicht nur auf Fachleute – auch Mütter haben mehr und mehr daran geglaubt. Wenn ihr Kind Schwierigkeiten verursachte oder weniger umgänglich war, als sie gehofft hatten, entwickelten sie ungemein starke Selbstzweifel. Und wir stellten regelmäßig fest, daß diese Theorie nicht zutraf. In unsere Praxis kamen viele Mütter, die wirklich ihr Bestes taten, sehr lieb zu den Kindern waren und vernünftig dazu – und die sich trotzdem keinen Rat mehr wußten mit ihrem Kind. Fragten wir dann nach der Vorgeschichte des Kindes, stellte sich fast immer heraus, daß es schon als Baby ein schwieriger kleiner Kunde gewesen war!« (*Kinderen*, Nr. 11, 1981, S. 81)

Vier Typen von Kindern konnten Dr. Chess und Dr. Thomas unterscheiden, die alle vier einer eigenen »Gebrauchsanweisung« bedürfen:

– *Schwierige Babys*: Zehn Prozent aller Säuglinge sind durchweg nicht bestens gelaunt, sie weinen viel, sind unregelmäßig in Essen und Schlaf, geraten schnell aus der Fassung, wenn etwas Neues, Unerwartetes auftritt; sie passen sich nur schwer an neue Situationen an und sind in ihrem Verhalten nicht leicht berechenbar.
– *Umgängliche Babys*: Vierzig Prozent aller Säuglinge reagieren sehr flexibel auf neue und unerwartete Dinge, sie sind sehr regelmäßig und durchgehend bestens gelaunt, ihre Reaktionen lassen sich im allgemeinen gut vorhersagen;
– *»Go-slow«-Babys*: Fünfzehn Prozent aller Kinder scheinen schwierig zu sein, sind es aber nicht. Es sind Kinder mit wechselnden Stimmungen, und sie lassen sich nicht immer sofort trösten. Diese Kinder brauchen vor allem Zeit, um sich an neue Situationen und an Veränderungen zu gewöhnen (»ins Bad« ist zum Beispiel eine Veränderung, »heraus aus dem Bad« ebenfalls;

»ein unbekanntes Gericht« ist eine Veränderung, eine Stunde später zu essen als gewöhnlich auch);

- »*Pfeffer-und-Salz*«-*Kinder*: Fünfunddreißig Prozent aller Säuglinge sind in mancherlei Hinsicht schwierig, in anderen Dingen dagegen umgänglich; sie sind wechselnd gut gelaunt; manchmal blendend, manchmal sehr reizbar. Das Verhalten dieser Kinder läßt sich nur dann vorhersagen, wenn man sie durch und durch kennt.

Diese Charaktere sind nicht fürs Leben festgelegt. Ein schwieriges Baby muß sich nicht unbedingt zu einem widerspenstigen Kind auswachsen, das sein restliches Leben lang für alle unausstehlich ist! Für sie gilt lediglich eine eigene »Gebrauchsanweisung«: Nehmen Sie die Zügel nicht zu straff; sie haben es mit der eigenen schwierigen Gemütslage schon schwer genug. Ein schwieriges Kind mit der Uhr in der Hand erziehen zu wollen – zu der und der Zeit essen, dann und dann schlafen – heißt sich noch mehr Schwierigkeiten einzuhandeln. Mit etwas mehr Flexibilität, ruhigen Reaktionen und insbesondere mit nicht zuviel Aufmerksamkeit für das unakzeptable Verhalten wachsen diese Kinder oft zu ganz normalen, ja sogar recht umgänglichen Kindern heran.

Am wichtigsten für die Eltern ist zu wissen, daß das alles nicht an ihnen liegt, sondern das Kind nun einmal so ist. Dasselbe gilt für »go-slow«-Kinder: Wenn Sie wissen, daß Veränderungen dem Kind wirklich große Mühe bereiten, können Sie das berücksichtigen. Ein solches Kind konfrontiert man nicht gleichzeitig mit einem neuen Geschwister, einem Umzug und dem ersten Gang zum Kindergarten! Das würde ein solches Kind wirklich nicht ertragen. Alle diese Veränderungen müssen allmählich stattfinden: Lassen Sie ihm zuerst die Zeit, sich an das eine zu gewöhnen, ehe sie langsam die nächste Veränderung einführen ...

Weitere Forschungen mit Säuglingen

In den vergangenen zwanzig, dreißig Jahren hat die Zahl der Untersuchungen an und in bezug auf Babys stark zugenommen. Faszinierende Studien, die nicht nur zeigen, wie fesselnd die Entwicklung von Kleinkindern verläuft, sondern die in vielen Fällen auch zu sehr praktischen Schlußfolgerungen führen. Eine gut angelegte und durchgeführte Studie kann ein für allemal aufräumen mit hinderlichen alten Fehleinschätzungen und Ammenmärchen.

Ein solches Ammenmärchen, das aus der Zeit der streng-strikten Erziehung, der Zeit von Zucht-und-Ordnung stammt, hat jahrelang Eltern (insbesondere Mütter) in ziemliche Verwirrung gestürzt. Diesem Ammenmärchen zufolge durften Babys, die weinten, nicht sofort getröstet werden. Denn, so die Argumentation, wer ein Kind sofort tröste, verwöhne es nur. Es weine dann immer mehr und werde auf die Dauer zu einer dieser erpresserischen Heulbojen, die einem keine ruhige Sekunde mehr gönnen. In manchen Büchern wird sogar noch hinzugefügt: Wenn man Kinder eine Zeitlang durchweinen lasse, bekämen sie starke Lungen...

Starke Lungen können Kinder auf vielerlei Art bekommen, dazu braucht man sie wirklich nicht weinen zu lassen. Aber wie steht es mit dem »Verwöhnen«? Es klingt logisch: Sie belohnen ja das Verhalten des Babys mit Aufmerksamkeit, verstärken Sie es damit nicht?

Zwei amerikanische Forscherinnen, *Mary Bell und Sylvia Ainsworth*, haben das Gegenteil bewiesen. Sie sind in ihren Untersuchungen zu Recht davon ausgegangen, daß Babys nicht umsonst weinen. Niemand weint schließlich »einfach so« oder »nur zum Spaß«. Wenn ein Baby weint, ist etwas, und wenn etwas mit Ihrem Kind ist, wollen Sie als Eltern nur eins: Ihr Kind schnellstmöglich trösten; Ihrem Kind helfen, so gut Sie können.

Bell und Ainsworth haben mit ihren Forschungen aufgezeigt, daß Babys nicht verwöhnt werden, wenn man sie sofort tröstet, sobald sie weinen. Sie weinen dann auch nicht immer mehr – im Gegenteil! Babys, die sofort getröstet werden, wenn sie weinen, insbesondere in den ersten Monaten, weinen auf die Dauer, das heißt, wenn sie sechs bis sieben Monate alt sind, immer weniger. Sie merken, daß ihre Signale empfangen und verstanden werden. Sie brauchen nicht mehr zu weinen, um klarzumachen, daß irgend etwas nicht in Ordnung ist. Kinder, die dagegen nicht sofort getröstet werden, weinen schließlich wohl in zunehmendem Maße.

Was läßt sich aus all diesen Forschungen lernen?

In der wissenschaftlichen Literatur unterscheidet man zwischen Babys mit und Babys ohne verläßliche Bindung. Babys mit verläßlicher Bindung wurden sofort getröstet, wenn sie weinten, und auch auf andere Signale, die sie aussendeten, wurde schnell reagiert. Babys ohne verläßliche Bindung mußten oft länger weiterweinen, ehe sie getröstet wurden, und auch andere von ihnen ausgesendeten Signale wurden längst nicht immer empfangen oder ernst genommen. Dadurch haben diese Babys sich zuletzt immer gefährdeter und unsicherer gefühlt.

Aus niederländischen Forschungen, unter anderem denen von *Marian Riksen-Walraven*, geht hervor, daß Kinder mit verläßlicher Bindung die weitaus bessere Ausgangsposition für eine gesunde Entwicklung haben. Kinder, die in der Säuglingszeit eine enge Beziehung mit ihren Eltern hatten, fühlen sich in »fremden Situationen« – etwa am ersten Tag im Kindergarten oder anfangs in der Schule – selbstsicherer. Sie kommen leichter in Kontakt mit anderen und zeigen dabei auch mehr soziale Fertigkeiten als Kinder ohne verläßliche Bindung.

Eine gute Bindung zwischen Eltern und Babys ist also

mehr als nur ein guter Start. Sie ist zwar nicht ganz eine schriftliche Garantie für eine soziale Entwicklung mit wenig Problemen, kommt dem aber schon sehr nahe.

Von Eltern werden keine übermenschlichen Anstrengungen und auch keine komplizierten Fertigkeiten verlangt, um eine feste Beziehung mit dem Baby herzustellen – gefordert ist eigentlich, vor allem das zu tun, was das eigene gute Gefühl Ihnen eingibt. Eltern, die ihr Baby weinen hören, müssen sich wahrscheinlich mehr Gewalt antun, es weinen zu lassen, als es sofort zu trösten. Gelingt sie nicht auf Anhieb, die gute und feste Beziehung mit dem Baby? Gibt es regelmäßig »Mißverständnisse« in der Kommunikation? Ist da oft dieses irritierte Gefühl: »Was will es denn jetzt wieder?« Denken Sie dann nicht zu rasch, Sie machten etwas verkehrt. Denken Sie lieber: Was für ein Kind habe ich eigentlich? Ob sein Verhalten womöglich mit seinem Temperament zusammenhängt? Und: Wie kann ich ihm dann am besten klarmachen, daß ich es akzeptiere, vollkommen akzeptiere, Charakter und Temperament eingeschlossen? Diese Frage führt fast automatisch zu dem wünschenswertesten Auftreten, der natürlichsten Art, doch noch zu einer sicheren, festen und einzigartigen Beziehung zu kommen!

2. Nehmen Sie sich Zeit für Gespräche mit Ihrem Kind

Babys verlangen Zeit und Aufmerksamkeit, doch wenn Kinder größer werden, nimmt ihr Bedürfnis nach intimen Momenten mit Ihnen nicht ab. Auch wenn sie den ganzen Tag über sehr beschäftigt sind, vor Energie überlaufen und keine Zeit für ein »gutes Gespräch« zu haben scheinen, auch wenn sie noch so selbstbewußt und selbstsicher dabei sind, ihrem Leben Gestalt zu geben –

das Bedürfnis, ab und zu einmal ruhig mit Vater oder Mutter sprechen zu können, bleibt unvermindert bestehen.

Die Beanstandung vieler Kinder, deren Beziehung mit den Eltern festgefahren ist, lautet: »Ich konnte nicht mit ihnen reden!« Oder: »Sie haben nie mit mir geredet, nicht wirklich!« Ein Kind fügte noch hinzu: »Sie hatten nie Zeit für mich.« Ein anderes erlebte es so: »Sie haben mir nie richtig zugehört.« In der Praxis zeigt sich häufig, daß diese Kinder durchaus recht haben. In vielen Familien nimmt man sich wenig Zeit für ruhige, offene Gespräche, und auf persönliche Zweier-Kontakte (das heißt Kontakte eines Elternteils mit einem Kind) wird wenig Wert gelegt.

Im Leben eines Kindes kann alles mögliche geschehen, was Eltern von vornherein nicht verhindern können. Das Kind kann mit den falschen Freunden in Berührung kommen, es kann sich selbst auf tausendundeine Art in die Klemme bringen. Derlei Ereignisse oder Situationen haben Eltern nicht in der Hand, das alles läßt sich nicht vermeiden. Doch was Eltern sehr wohl in der Hand haben, ist die Zeit, die sie sich für ihre Kinder nehmen, und die persönliche, aufrichtige Anteilnahme, die sie zeigen. Ich kenne Eltern, die beruflich sehr eingespannt sind, nach einem langen Arbeitstag oft todmüde nach Hause kommen und es dennoch schaffen, jeden Tag ein Weilchen teilnahmsvoll und interessiert mit ihrem Kind zu sprechen.

Ein solches regelmäßiges Gespräch mit einem Kind braucht nicht lange zu dauern. Manche Kinder haben an wenigen Minuten pro Tag schon genug. Diese wenigen Minuten täglich können ausreichen, die Beziehung angenehm und offen zu halten, sie können dem Kind die Chance geben, das zu äußern, was es loswerden will, und sie geben den Eltern die Gelegenheit, auf der Höhe zu bleiben, mitzufühlen und vielerlei Erfahrungen und Erlebnisse mit dem Kind zu teilen.

Ein Gespräch mit einem Kind muß auch nicht immer tiefgehend oder tiefschürfend sein – besser sogar nicht! Manchmal kann ein Allerweltsgespräch genügen, das Zusammengehörigkeitsgefühl wieder aufzufrischen.

Bei diesen alltäglichen Gesprächen mit Kindern sind einige »Spielregeln« von Belang:

* *Die persönliche Aufmerksamkeit von Ihnen allein.* Jedes Kind hat das Bedürfnis, ab und zu die vollständige Aufmerksamkeit des Vaters oder der Mutter ganz für sich allein zu haben. Wenn es mehrere Kinder in der Familie gibt, haben Eltern mitunter die Neigung, die Kinder als eine Art »Gruppe« zu sehen und über einen Kamm zu scheren. Kinder kommen damit sehr gut zurecht, wenn sie daneben auch noch als Individuen gesehen werden. Denn auch innerhalb ein und derselben Familie ist jedes Kind anders, hat jedes Kind seine eigenen Erlebnisse und Erfahrungen. Die kann es nur loswerden, wenn es ab und zu mit Ihnen allein sprechen kann.

Kinder haben selbst auch ihre Vorlieben. Das eine Kind wird gern mit der Mutter über persönliche Erfahrungen sprechen und mit dem Vater zu einem anderen Zeitpunkt über andere Dinge; das andere Kind hält es genau umgekehrt.

* *Die wichtigste Zutat: zuhören!* Wir haben in Gesprächen mit Kindern häufig die Neigung, selbst viel zu sprechen, Ratschläge zu geben, zu beschwichtigen, zu kommentieren, Lösungen anzutragen usw. Gespräche mit Kindern erfordern vor allem eine zuhörende Haltung. Zuhören und Interesse zeigen, nicht urteilen, sondern mitfühlen und miterleben! Ein Mensch hat nicht umsonst zwei Ohren, doch nur einen Mund . . .

Kinder, die sich aussprechen können, in dem ihnen eigenen Tempo und auf ihre Art, haben hinterher meistens das Gefühl, ein gutes Gespräch gehabt zu haben; Kinder, die mit Ratschlägen, Predigten, Erklärungen, Urter einen Fehler gemacht hat, oder daß es das schon wieder völlig vergessen hatte. Dann bekommen Sie zum Beispiel zur Antwort: »Ach das!? Das fand ich überhaupt nicht schlimm!« In einem solchen Fall gibt es für das Kind offenbar nichts mehr »aufzuräumen«, und doch kann es für Sie selbst angenehm sein, »klar Schiff« zu machen. Außerdem zeigen Sie Ihrem Kind, daß sich zu entschuldigen – zu sagen, daß es einem leid tut, ohne allzu tief in den Staub zu beißen – dazugehört, wenn man einen Fehler macht.

Es ist auch möglich, daß das Kind noch immer böse ist und zur Antwort gibt: »Immer hast du es auf mich abgesehen! Immer bekrittelst du mich!« In diesem Fall sollten Sie umschalten und dem Kind einfühlsam zuhören: »Du bist mir noch immer böse, stimmt's? Du findest es wirklich sehr unfair, daß ich dich derart angefahren habe? Das kann ich mir vorstellen, ich fand es selbst auch nicht in Ordnung. Jedenfalls wollte ich dir sagen, daß es mir leid tut und daß es nicht so gemeint war.« Nach einer solchen Antwort wird das Kind wahrscheinlich geneigt sein, die Schultern zu zucken und mit einem tiefen Seufzer zu sagen: »Okay!«

»*Es besser machen*« bedeutet: Fehler sind erlaubt, aber natürlich ist es wichtig, sich vorzunehmen, diesen bestimmten Fehler nicht zu wiederholen. Es hat keinen Sinn, einem Kind zu versprechen: »Ich werde es nie wieder tun«, denn niemand kann garantieren, daß der Fehler künftig immer vermieden wird. Doch der Vorsatz, es zu versuchen, muß schon sein!

Für Kinder ist so etwas äußerst lehrreich. Sie entdecken nicht nur, daß die Eltern ihre Fehler eingestehen können und bereit sind, etwas daraus zu lernen, sondern sie bekommen auch ein sehr gutes Beispiel. Kinder machen selbst schließlich auch regelmäßig Fehler und werden lernen müssen, wie sie damit umzugehen haben. Eltern zeigen auf diese Weise eine ausgezeichnete Möglichkeit, die das Kind übernehmen kann.

5. Nehmen Sie sich einmal Zeit zu einer Selbstuntersuchung

In diesem Buch war die Rede von Kindern, ihrem Verhalten, von Möglichkeiten, auf unakzeptables Verhalten von Kindern zu reagieren und Verhaltensprobleme zu vermeiden.

Empfehlungen von Fachleuten wie Thomas Gordon, Bernard Schwartz und Paul Wood sowie wissenschaftliche Forschungen können Eltern gegebenenfalls die Entscheidung erleichtern, welche Haltung sie im Umgang mit ihren Kindern einnehmen wollen, doch Eltern behalten daneben auch weiterhin ihre eigenen Auffassungen, ihren eigenen Stil, ihre eigenen Normen und Werte im Leben, ihre eigene Haltung bei.

Deshalb ist es gut, dies alles ab und zu einer kritischen Selbstuntersuchung zu unterwerfen und herauszubekommen: Was sind eigentliche meine Standpunkte?

Die nachfolgenden Fragen können vielleicht bei dieser Selbstuntersuchung behilflich sein:

Frage 1: Was erwarte ich eigentlich von meinem Kind?
* Erwarte ich, daß mein Kind sich unter allen Umständen so verhält, wie ich es will und für gut befinde?
* Erwarte ich von meinem Kind, daß es stillschweigend spürt, was ich von ihm will, was ich gut finde und was nicht?
* Oder erwarte ich, daß es das erst dann berücksichtigen kann, wenn ich deutlich gemacht habe, was ich akzeptiere und was nicht, und weshalb?

Frage 2: Was erwarte ich eigentlich von mir selbst?
* Erwarte ich von mir, daß ich alle Probleme meines Kindes lösen muß, oder daß ich meinem Kind

vielleicht helfen kann, selbst eine Lösung zu finden?

* Erwarte ich von mir, daß ich immer für meine Kinder bereitstehe und die eigenen Bedürfnisse unter den Tisch kehre, oder daß ich mich den Kindern zeige, wie ich mit meinen Bedürfnissen, meinen Vorstellungen und Werten im Leben umgehe?
* Erwarte ich von mir, daß ich meinem Kind ein möglichst problemloses Leben bieten muß, oder erwarte ich von mir, daß ich meinem Kind beibringe, wie man mit auftauchenden Problemen umgeht?

Frage 3: Was für ein Vater, was für eine Mutter will ich eigentlich sein?

* Will ich ein Elternteil sein, der seine Kinder in der rechten Spur hält, der Spur, die ich für recht erachte? Oder will ich meinen Kindern helfen, im Leben ihre eigene Spur zu entdecken? Oder will ich das eine wie das andere, und geht das?
* Will ich ein Elternteil sein, der respektiert wird, weil er Vater bzw. Mutter ist, oder will ich mir den Respekt meiner Kinder allmählich »verdienen«: durch mein Verhalten und meine Lebensweise, meine Offenheit und Klarheit, mein Verständnis und meine Sicht der Dinge?
* Will ich für meine Kinder an erster Stelle ein »Führer durchs Leben« sein, ein »Wegweiser«? Oder hauptsächlich ein Ansprechpartner, bei dem das Kind seine Erfahrungen loswerden kann, ohne sofort beurteilt zu werden?
* Will ich, daß mein Kind sich sein ganzes Leben lang an meine weisen Lektionen erinnert, oder will ich, daß es später an seine Jugend als eine schöne, warme, behütete Phase seines Lebens zurückdenkt?

Frage 4: Was verstehe ich eigentlich unter »Erziehung«?
* Sehe ich Erziehen hauptsächlich als einen Versuch, meine Werte und Normen auf das Kind zu übertragen, oder als einen Versuch, dem Kind dabei zu helfen, seine eigenen Werte und Normen im Leben zu entdecken?
* Sehe ich Erziehen als Einbahnstraße oder sehe ich es als eine Beziehung zwischen zwei Menschen, einem Erwachsenen und einem Kind, die es gemeinsam schaffen müssen?
* Betrachte ich mein erzieherisches Tun als geglückt, wenn mein Kind eine gute Ausbildung hinter sich gebracht und eine gute Arbeit gefunden hat, oder kann ich auch zufrieden sein, wenn mein Kind seinen eigenen Weg im Leben zu finden sucht?
* Worauf gründe ich meine Überzeugungen und Werte in der Erziehung meiner Kinder: auf Ammenmärchen, Sprichwörter und Volksweisheiten oder auf Weisheiten, die ich selbst entdeckt und deren Glaubhaftigkeit ich selbst überprüft habe?

Frage 5: Liebe ich mein Kind eigentlich?
* Kann ich mein Kind vollkommen akzeptieren, wie es ist, oder hätte ich eigentlich lieber, daß es – vielleicht in einigen Aspekten – anders wäre?
* Kann ich unterscheiden zwischen dem Verhalten meines Kindes (sei es für mich akzeptabel oder nicht) und meinem Kind selbst?
* Schaffe ich es, meinem Kind zuzuhören, wenn es gegen mich in Widerstand gerät, oder betrachte ich das als absolut unakzeptabel?
* Mache ich meinem Kind regelmäßig klar, daß ich es wirklich liebe, oder gehe ich davon aus, daß es das auch so weiß?
* Betrache ich alle »guten« Verhaltensweisen meines Kindes als selbstverständlich, oder kann ich

darauf mit ehrlich gemeinter Anerkennung reagieren?

* Sehe ich genügend alle »guten« Verhaltensweisen meines Kindes (oder alle seine Versuche), oder sehe ich nur seine unakzeptablen Verhaltensweisen?

Zum Schluß

Die Kinder von heute, die immer weniger »Kind« zu sein scheinen und doch zu selbständigen, selbstverantwortlichen Erwachsenen erzogen werden müssen – sie stellen uns wie eh und je vor allerlei Fragen! Unsere eigene Unsicherheit, ihre – bisweilen – störenden und unbegreiflichen Verhaltensweisen und ihre – bisweilen – großen Probleme können es uns besonders schwer machen, eine Antwort auf diese Fragen zu finden.

Es gibt eine alte, östliche Weisheit, die beruhigt. »Muß man wirklich auf jede Frage im Leben eine Antwort finden?« fragen sich die Buddhisten. »Manche Lebensfragen lassen sich fast nicht beantworten. Doch das Stellen der Frage hat an sich schon Wert – gleich, ob man darauf eine Antwort findet oder nicht. Das Stellen der richtigen Frage öffnet den Weg zur Weisheit.«

Wenn es um das Erziehen von Kindern in einer Zeit geht, in der sich so vieles ändert, einer Zeit, die so wenig Sicherheit und Halt zu bieten scheint, ist Weisheit von allergrößtem Belang. Denn Weisheit wiederum eröffnet den Weg zur Klarheit in der Kommunikation mit Kindern – und das wollen Kinder!

Literatur[*]

Bower, T.: Die Wahrnehmungswelt des Kindes. Stuttgart 1978

Buber, M.: Reden über Erziehung. Gerlingen 7/1986

Cooper, D.: Ein Tod der Familie. Ein Plädoyer für eine radikale Veränderung. Reinbek 1989

Dreikurs, R.: Kinder fordern uns heraus. Stuttgart 25/1993

Elkind, D.: Das gehetzte Kind. Werden unsere Kinder zu schnell groß? Hamburg 1991

ders.: Total verwirrt. Teenager in der Krise. Hamburg 1990

ders.: Wenn Eltern zuviel fordern. Die Rettung der Kindheit vor leistungsorientierter Früherziehung. Hamburg 1989

Gordon, Th.: Familienkonferenz. München 1989 u. 1993

ders.: Familienkonferenz in der Praxis. München 1989

ders.: Die neue Familienkonferenz. Kinder erziehen ohne zu strafen. Hamburg 1993

Kellmer Pringle, M.: Was Kinder brauchen. Stuttgart 1979

Kohnstamm, R.: Praktische Kinderpsychologie. Die ersten sieben Jahre. Bern 3/1990

ders.: Praktische Psychologie des Schulkindes. Bern 1988

Miller, A.: Das Drama des begabten Kindes. Frankfurt/Main 1979

Mollenhauer, K.: Vergessene Zusammenhänge. Über Kultur und Erziehung. Weinheim 3/1991

Postman, N.: Das Verschwinden der Kindheit. Frankfurt/Main 1986

Redl, F./Wineman, D.: Steuerung des aggressiven Verhaltens beim Kind. München 6/1993

Stern, D.: Mutter und Kind. Die erste Beziehung. Stuttgart 1979

[*] Wir führen aus der Literaturliste des Autors nur die Titel auf, die auf deutsch im Buchhandel erhältlich sind. Anm. des Verlags

Kinder brauchen Orientierung

HERDER ⁄ SPEKTRUM

Irene Ehmke/Heidrun Schaller
Kinder stark machen gegen die Sucht
Der praktische Ratgeber für Eltern und Erziehende
Band 4538
Hinter jeder Sucht ist eine Sehnsucht. Hier gilt es vorbeugend anzusetzen und die Lücke, die das Kind über das Suchtmittel zu schließen versucht, sinnvoll zu ersetzen.

Ulrike und Christa Marwedel
Was Kinder brauchen – was Eltern gut tut
Transaktionsanalyse für den Familienalltag
Band 4509
Erziehungsansprüche der Eltern und Wünsche der Kinder prallen oft heftig aufeinander. Die Autorinnen raten: gut zu sich selbst sein – nur so kann es auch den Kindern gutgehn.

Walter Pacher
Wenn Kinder keine Grenzen kennen
Konflikte lösen ohne Machtanwendung
Band 4494
Wie die Methode der Familienkonferenz erfolgreich sein kann, zeigt Walter Pacher mit vielen Beispielen und Übungen.

Monika Hoffmann-Kunz
Lieben statt verwöhnen
Kindern Zuneigung schenken und Grenzen setzen
Band 4323
Das Dauerthema: Wie Eltern den richtigen Weg zwischen Liebe und Verwöhnen finden können.

Rudolf Dreikurs/Loren Grey
Kinder lernen aus den Folgen
Wie man sich Schimpfen und Strafen sparen kann
Band 4055
Ein Erziehungsstil, der Kindern frühzeitig dazu verhilft, eigenständige Erfahrungen zu sammeln und mit Freiheit richtig umzugehen.

HERDER / SPEKTRUM